文化研究视域下的个案分析

王齐飞　修婧　杨锐　赵君 著

浙江工商大学出版社
ZHEJIANG GONGSHANG UNIVERSITY PRESS
·杭州·

图书在版编目(CIP)数据

文化研究视域下的个案分析 / 王齐飞等著. —杭州：
浙江工商大学出版社，2020.4
ISBN 978-7-5178-3783-1

Ⅰ. ①文… Ⅱ. ①王… Ⅲ. ①文化研究 Ⅳ. ①G0

中国版本图书馆 CIP 数据核字(2020)第 048283 号

文化研究视域下的个案分析
WENHUA YANJIU SHIYU XIA DE GEAN FENXI

王齐飞　修婧　杨锐　赵君　著

责任编辑	沈明珠
封面设计	林朦朦
责任印制	包建辉
出版发行	浙江工商大学出版社
	(杭州市教工路 198 号　邮政编码 310012)
	(E-mail:zjgsupress@163.com)
	(网址:http://www.zjgsupress.com)
	电话:0571－88904980,88831806(传真)
排　　版	杭州朝曦图文设计有限公司
印　　刷	浙江全能工艺美术印刷有限公司
开　　本	710mm×1000mm　1/16
印　　张	12.5
字　　数	210 千
版 印 次	2020 年 4 月第 1 版　2020 年 4 月第 1 次印刷
书　　号	ISBN 978-7-5178-3783-1
定　　价	52.00 元

浙江工商大学出版社营销部邮购电话　0571－88904970

序　言

在这个世界上有各式各样的现象,简单的、复杂的,抽象的、具体的,它们无时无刻不在影响着我们的生活,并在潜移默化中改变着我们的生活方式。对于那些距离我们生活很远的复杂现象,我们是很难理解的,可能究其一生也没有办法知其一二;而对于发生在我们身边的现象,我们对它们则过于习惯,觉得这些现象的发生仅仅是"应该发生"的,既不去追求其中的原因,也不去深究它们的意义,生活就这么麻木下去。然而,倘若我们能以不同的方式来对这些生活中的现象进行探寻,我们就会发现,原来身边曾经一度被我们忽视的现象,竟然有如此大的研究价值。

本书旨在对发生在我们身边的一些现象,以及存在于我们身边、容易被我们忽略的事物,从文化研究的各个角度出发来进行一系列的分析。该书分为几个不同的章节,第一章主要是对英语世界最重要的马克思主义文化批评家、文化研究的重要奠基人之一——雷蒙德·威廉斯的研究;第二章则对一些现代文化现象,诸如近些年十分风靡的电子游戏、网吧和球鞋文化等进行剖析;第三章对生活中常见的文化现象——我们身边的标牌、指示语中出现的问题进行分析;最后一章旨在探讨文化传播中的一些问题,比如对外汉语教学中所存在的语言教学和文化教学等问题。文化研究涉及生活的方方面面,我们进行这些研究可能是零散的,甚至是不充分的,但同时这也体现了我们所做出的努力。其中谬误之处,希望方家批评指正。

我们知道,一旦涉及文化研究,人们很难回避雷蒙德·威廉斯(Raymond Williams)的贡献。集文化理论家、批评家、戏剧作家、政治活动家、编辑、传播理论家、马克思主义文论研究者等多重身份于一身的雷蒙德·威廉斯,被科尔内尔·魏思特(Cornel West)誉为"欧洲时代(1492—1945)终结前出生的最后一位伟大的欧洲革命社会主义男性知识分子"[Cornel West. *In Memoriam*:*The Legacy of Raymond Williams*. In Christopher Prendergast, ed. *Cultural Materialism*: *on Raymond Williams*. Minneapolis: University of Minnesota Press, 1995: ix.]。早在 20 世纪 50 年代,威廉斯就开始了一项贯穿终生的工作——对文化及文化理论的探讨。威廉斯梳理了文化的含义,他认为有三种相互关联、不可分割的重要含义。其一是"理想的"含义,意指人类对某些永恒价值、思想精神的发现和描述,是一种追求自我完善的过程。其二是"文献式的"含义,意指对人类各种知识、思想及经验的记录。其三是"社会的"含义,意指人类特殊的生活方式,包括各种惯例习俗、日常行为、机构制度等。而文化分析,就是对这三者相互结合的经验复杂体进行综合分析。在其不断的实践、总结与反思中,他研究文化的生产过程及其感觉结构,指出文化以主导、新兴或残余为存在状态,并逐渐发展出文化唯物主义理论。

尽管威廉斯的悲剧研究有其独特的时代背景,但人们不能忽视这一研究为他的文化理论实践提供一个不可或缺的例证。该章节研究威廉斯的现代悲剧革命观念。当狭隘稳定的传统悲剧和悲剧理论无法处理现代社会中活生生的悲剧性经历的时候,雷蒙德·威廉斯从社会经验和感觉结构出发,结合社会主义革命理论和自身实践,找到了革命这一现代悲剧的感觉结构。他从马克思关于社会主义革命的论说中得到启示,既而阐释了自己所理解的社会主义革命观念,并深度发掘其与悲剧的联系,在现实中再度找到革命悲剧存在的依据。威廉斯的悲剧理论,与社会建立丰富的联系,它已然从文体及文本意义上的单纯的美学分析拓展到对整个悲剧的文化分析。他的研究不仅丰富了我们对悲剧观念的既有认知,更是为我们如何从事文化研究提供了有益的思路。这是本书第一部分要谈的内容。

我们不仅对威廉斯这样的文化研究领域的重要人物进行了学术方面的探讨,还对近些年兴起的文化现象进行了文化层面的分析和研究。如果我和你说,艺术可以改变人生,科技可以改变世界,你也许会表示赞同;但如果我问:游戏可以改变人生、改变世界吗? 很多人的答案是否定的。作为深受电子游戏影响的这一代人,笔者是其中的亲历者和见证者。从 20 世纪 90 年代末,电子游戏开始兴起,就有不同年龄段的人因电子游戏而着迷,他们从小学生到中年人,纷纷加入了游戏当中,并成为电子游戏玩家。他们有的把游戏当作茶余饭后的消遣;有的当作不可或缺的精神食粮;有的则本末倒置,终日沉湎于电子游戏中而不能自拔。

"沉迷"这个词有着十分久远的历史,但"沉迷电子游戏"这个说法,在我国则有着特定的语境和内涵。它形容的主要对象,特指那些深受电子游戏影响甚至不可自拔的游戏玩家们。随着网吧在我国的出现,越来越多的人开始走进网吧上网,网吧一方面一度成为同学、朋友聚会的必去场所之一(另一个可能是KTV);另一方面似乎也成了很多青少年精神堕落的地方,甚至成为他们学习成绩下降、不思进取的"元凶"。但我们知道,无论是什么事情,都会产生"沉迷",电子游戏也好,网吧也好,我们对它们的无知源于不了解;换句话说,不了解就导致了我们的无知,所有这一切又进一步导致了更深的误解。以此,回到前面那个问题上来,电子游戏能否对我们自身、对我们身处的这个世界产生影响? 或者说,这种影响是积极的还是消极的? 不同的人一定会给出不同的答案。

我们对电子游戏的探讨不能仅仅停留在表面,即不做任何的观察和调研就对它的好与坏下定论,这样的结论一定是不可靠的。而可以想见的是,伴随着电子游戏成长起来的那一代人,身边还出现了很多新兴事物,近几年最为火爆的就是球鞋市场,和当年火爆的电子游戏相似,现阶段的球鞋文化也算是风靡全球,越来越多的人成为sneaker,但很多乱象和不理性的现象也随之而来,这也就需要我们对这一系列特殊的文化现象进行分析和反思,它们也构成了这一章节的主要内容。在第二章,笔者对网吧、球鞋、电子游戏等文化产物和文化现象,从不同角度进行了分析。这样的探索也只是抛砖引玉,希望对人们日后流行文化的研究产生或多或少的促进作用或启发。

同样引起我们关注的还有存在于我们身边的标识语。作为公开面向大众的文字和图形信息的公共标识,是面向世界的窗口,为人们的生活、生产、生命及娱乐等提供相应的指示、提示、限制或警示。随着中国经济的加速发展,以及城市化进程的不断加快,双语标识的问题引起了各级政府、管理部门的重视。

兰州市作为西部地区重要的中心城市之一,同时也是丝绸之路经济带的重要节点城市,随着西北第一个、中国第五个国家新区——兰州新区的建立和完善,吸引了大批国际友人。因此,本研究在社会文本理论指导下展开了,对兰州市三个行政区(城关区、七里河区和安宁区)和兰州新区公共双语标识译写情况的调查与研究。根据公共双语标识的特点,采用社会语言学的跨学科、整合式的调查模式,通过实证研究的调查手段,借助科学合理的"格网定位"抽样方法。依据"千百十"的调查计划,依照一定的比例在所选定的区域内选择五个主流行业(交通服务、购物场所、餐饮服务、旅游景点、医疗服务），随机抽取五百个有典型意义的不规范用语进行分析研究。随后采用"主题划分"的话语模式与分类手段对所选定的双语标识从六个层面入手分析，其中包括文本性问题、拼音化问题、跨文化问题、信息性问题、安全性问题和缺少双语角度等。通过调查分析，本研究发现兰州市双语标识语的译写存在很多问题。从社会文本理论角度来看，兰州市大多数双语标识的译写不能把源语信息完整地传递给译入语读者，使得译入语读者不能接受和理解源语信息，导致不同语言和文化间的交流产生阻碍。从跨文化理论角度来看，由于交际者文化背景、教育背景、思维方式等的不同，公共标识的译写中多次出现文化误解和语用失误，使得交际不能顺利完成。希望本研究能够对兰州市双语标识译写的规范性产生一定的启示作用。同时，笔者也希望通过这篇文章，进一步引起人们对标语的重视，纠正标语当中不规范的情况，解决容易引起误解的问题，从而使文化交流得以更加顺畅的进行。

从对标识语的研究中我们会发现，在文化的交流和对话之中会产生这样那样的误解，这是由于东西方语言和文化差异的缘故。近些年来，随着中西文化交流日趋多样化，文化差异的问题也被更多的人所关注。我们知道，文化差异无所不在，文化碰撞带来了多种多样的文化结果，不仅体现在学术和知识层面，还体现在我们生活的方方面面，这就需要我们弄清中西文化的差异，有的放矢，让文化的传播和交融更加顺利地进行。

作为文化对外宣传的主要方式和媒介，对外汉语教学和孔子学院近几年来得到了快速发展。本章首先探讨了对外汉语教学中语言和文化的关系，接着是对孔子学院的发展所进行的研究。对外汉语教学成为一门正式学科的历史还不到两百年，但是学者们对于对外汉语教学中的语言与文化关系的讨论却未停止。同样，对外汉语教学中语言教学和文化教学也一直是对外汉语教学以及汉语国际教育研究领域的热议话题之一。孔子学院的开办使得文化教学的呼声日益高涨，有关语言教学与文化教学的研究重心已经开始偏移语言教学本质，具体表现为从语言教学与文化教学的争议探讨到对外汉语课堂教学中文化导入的研究。近年来，这种过于夸大文化教学或者说文化因素教学的模式是否真正保证了对外汉语教学的"质"呢？如果不能保证质量，那么是否应该重新审视语言教学和文化教学在当下对外汉语教学中的地位呢？这是我们作为对外汉语教学事业接班人所必须要思考的问题。那么，在对外汉语教学的课堂上，文化要讲吗？教什么？

怎么教呢？这个问题同样重要。但必须明确的是，对外汉语教学中的文化教学绝非独立于语言教学。只有在对外汉语教学中有效协调语言教学和文化教学的关系，才能真正做到让对外汉语教学成为中国与世界进行文化交流的纽带。

目 录

第一章　文学视域下的文化研究

——以雷蒙德·威廉斯悲剧观念为例

第一节　引　言

　　20 世纪 60 年代,西方社会弥漫着"悲剧已死"的氛围。雷蒙德·威廉斯①(Raymond Williams)——被视为西方著名的马克思主义者之一——撰文做出了富有时代特色的回应。他驳斥了"悲剧已死"的论调,并且将"革命"与"悲剧"这一组看似互不相关的范畴联系起来,提出了自己的现代革命悲剧观念。

　　论文属于有关悲剧的理论研究的范畴。悲剧的写作实践在西方世界里有着悠久的历史与传统,而有关悲剧的研究同样能沿波讨源至相当长的一段时期。早在两千多年前的古希腊时期,亚里士多德(Aristotle)便给悲剧下了一个著名的定义。他把悲剧看作一个"严肃、完整、有一定长度的行动的摹仿"②,认为需具备言语、性格、情节和思想等要素,并且应该给人带来怜悯和恐惧,使人得到净化和陶冶。亚里士多德的悲剧观念在西方悲剧学说史中影响深远,在文艺复兴、古典主义等悲剧的理论探讨中,都不难寻觅其身影。到了中世纪,在神学观念的支配下,悲剧被视为某种普遍的、非个人的经验或规律的验证及启示。文艺复兴高举把人放在主体位置的旗帜,张扬人自身的个性及情感。"人为万物之灵长",这一时期的悲剧理论研究更多地加入了人之维度,开启了悲剧世俗化的进程,而对悲剧的目的

---

　　①　又译作"雷蒙·威廉斯""雷蒙·威廉士"。为统一行文,本书全部译成"雷蒙德·威廉斯"。在引用他人著作及论述时,则使用被引用者的翻译,以保留引文原貌。

　　②　[古希腊]亚里士多德:《诗学》,陈中梅译注,商务印书馆 1996 年版,第 63 页.

及效果的研究也成为学者关注的中心之一。高乃依(Pierre Corneille)、布瓦洛(Nicolas Boileau Despreaux)、埃弗蒙(Charles de Marquetel Saint-Evremond)、德莱顿(John Dryden)等人,围绕"三一律"等悲剧的创作问题,奠定了古典主义时期的悲剧学说的基调。它一方面强调悲剧应深入社会历史,另一方面带有贵族视野地对"高贵"(dignity)的强调实则割裂了悲剧行动与观众之间的审美距离。对新古典主义悲剧理论的继承或反叛又成了以伏尔泰(Voltaire)、莱辛(Gotthold Ephraim Lessing)为代表的启蒙运动时期悲剧理论的重要内容。德国的悲剧学说,有以约翰·克里斯托弗·弗里德里希·冯·席勒(Johann Christoph Friedrich von Schiller)、弗里德里希·谢林(Friedrich Wilhelm Joseph Schelling)和格奥尔格·威廉·弗里德里希·黑格尔(Georg Wilhelm Friedrich Hegel)为代表的古典悲剧学说,也有以亚瑟·叔本华(Arthur Schopenhauer)和弗里德里希·威廉·尼采(Friedrich Wilhelm Nietzsche)为代表的唯意志论的悲剧学说,还有马克思(Karl Heinrich Marx)、恩格斯(Friedrich Engels)的悲剧观念。如此种种,不难得出结论:威廉斯对现代悲剧及现代革命悲剧的研究,绝非凭借一己之力凭空架构而来,而是浸润在这一漫长的传统之中并受其滋养、孕育、演化而生的。威廉斯的革命悲剧理论无论再怎么独特,也始终根植于这一悲剧传统之上。因此,探讨威廉斯的革命悲剧理论,也是在探讨他对悲剧理论传统做出了什么贡献,这对漫长悲剧理论传统的研究富有意义。

而将"革命"与"悲剧"联系起来,以形成革命悲剧理论,亦非威廉斯的首创或专利。早在马克思和恩格斯那里,就已经有将"革命"与"悲剧"联系在一起的有关"革命悲剧"的萌芽,而且这在他们为数不多的与悲剧相关的文字中占据非常大的比重。在《〈黑格尔法哲学批判〉导言》中,马克思就曾说过,当旧制度自身还具备合理性时,它的灭亡便具有悲剧性。马克思、恩格斯的论述,主要集中在对拉萨尔(Ferdinand Lassalle)的历史悲剧《弗兰茨·冯·济金根》(Franz von Sickingen)的批评中,其中贯穿着他们对1848年德国革命失败的经验总结及反思。《济金根》是以济金根和乌尔利希·冯·胡登(Ulrich Von Hutten)为首的骑士阶层反对当时皇权、诸侯及制度的真实起义事件为底本创作而成的;作为黑格尔的忠实信徒,作者拉萨尔认为济金根出于智力、伦理上的过失,即"在实现目的的方法上实行了狡诈"①,造成革命目的与现实目的的策略相互分离的后果,以致走向覆灭的结局。马克思和恩格斯虽然同样吸收并继承了黑格尔的悲剧观念,但他们将艺术与现实结合起来,将悲剧冲突的根源从精神层次转移到活生生的社会历史中。所以考察悲剧,不仅需要具备美学的视角,还需要具备历史的维度,即离不开对社会生活中的冲突与矛盾的分析。马克思和恩格斯不约而同地从济金根所属的社会阶级出发,分析其革命失败的原因。他们的表述虽有所不同,但表达的意思是相近的。马克思认为,济金根的失败在于其"作为骑士和作为垂死阶级的代表起来反对现存制度"②。这一骑士阶级一边高喊自由的口号并寻求解放;另一边又要维护自身既得利益,对农民加以剥削。所以济金根注定得不到农民阶级的支持,覆灭是其必然归宿。恩格斯则明确指出,这一革命的悲剧根源是"历史的必然要求和这个要求的实际上不可能实现之间的悲剧性的冲突"③。历史的必然要求,指的是济金根所领导的骑士及贵族阶层必须与城市和农民大众——尤其是后者——联盟,才能取得国民革命的胜利。然而这一历史的必然要求,在当时并不具备实现的条件,两者的冲突成就了革命的悲剧。

与马克思、恩格斯有关"革命悲剧"的论述类似,威廉斯的现代革命悲剧理论同样源于他所处的特定时代,有着极为特殊的社会历史背景。不过初读威廉斯的著作,人们也许多半会觉得,其现代革命悲剧理论的内容与马克思、恩格斯的论述很不相同。事实上,威廉斯的现代革命悲剧观念的形成主要在 20 世纪 60 年代。这一时期,他的悲剧理论不仅对马克思、恩格斯的革命悲剧观念不置一词,而且也没有引用过他们的相关说法,甚至现有的文献资料亦无法判断威廉斯是否读过马克思、恩格斯对拉萨尔《济金根》的批评。如此种种,若说威廉斯的革命悲剧理论直接受马克思、恩格斯有关"革命悲剧"论述的影响,显然难以令人信服。然而,威廉斯的革命悲剧观念立足于他对社会主义的信念,以及用唯物而非唯心的策略将悲剧放入社会历史语境考察中;正是这些显示了他与马克思主义的亲缘关系。故

---

① [德]斐·拉萨尔:《拉萨尔附在 1859 年 3 月 6 日的信中关于悲剧观念的手稿》,曹葆华、孟复生译。见[德]马克思、恩格斯:《马克思、恩格斯论艺术:第一卷》,中国社会科学出版社 1982 年版,第 16 页。

② [德]马克思:《马克思致斐·拉萨尔》,曹葆华、孟复生译。见[德]马克思、恩格斯:《马克思、恩格斯论艺术:第一卷》,中国社会科学出版社 1982 年版,第 23 页。

③ 同上,第 30 页。

从这一角度出发,我们找到了可以将两者相互参照的理论依据。在同一个社会主义理论以及唯物主义框架下,威廉斯的革命悲剧理论与马克思、恩格斯的不同之处是其理论的独特性之所在。而研究威廉斯的现代革命悲剧理论,探讨他从哪一方面吸收了马克思主义什么样的理论资源,在其特殊的时代背景下提出了哪些原创性理论就显得格外富有意义,这对当下社会亦有借鉴作用。

第二节　文献综述

从总体上看,无论国内还是国外,关于雷蒙德·威廉斯的研究成果都较为丰富;不过相比较而言,对威廉斯现代革命悲剧理论的研究明显不足。

一、国外研究综述

在国外,对威廉斯的研究大多在英语世界中。英语世界对威廉斯的研究起步较早,现有研究资料较多,主要集中在以下三个方面。[①]

其一,是对威廉斯作品的收集和整理,主要有以下几本。阿兰·奥康纳(Alan Connor)于 1989 年——威廉斯去世后的第一年——第一个完成了对威廉斯文献著作目录的编纂,其具有极高的学术价值。[②] 此后,约翰·希金斯(John Higgins)在这一基础之上有所增添。[③] 同年,韦尔索出版社(Verso)出版了托尼·平克尼(Tony Pinkney)整理的《现代主义的政治——反对新国教派》(*Politics of Modernism：Against the New Conformists*)和罗宾·盖布尔(Robin Gable)编辑的《希望的源泉：文化、民主、社会主义》(*Resources of Hope：Culture，Democracy，Socialism*)。前者以威廉斯的提纲为线索,整理了威廉斯生前致力于但却未竟的事业——现代主义

[①] 这一分类参考了黄璐的收集整理内容。见黄璐:《中西学术视域中的雷蒙·威廉斯研究》,江西师范大学学报(哲学社会科学版)2011 年第 44 卷第 6 期,第 104—111 页。

[②] 目录见 Alan Connor：*Raymond Williams：Writing，Culture，Politics.* (1989). 见 Terry Eagleton：*Raymond Williams：Critical Perspectives.* (1989) 和 Fred Inglis：*Raymond Williams.* (1995).

[③] 参见 John Higgins：*Bibliography.* In John Higgins, ed. *The Raymond Williams Reader.* BlackwellPublishers，2001：294-299.

（modernism）、先锋派（avant-garde）和文化理论（Cultural Theory）——的讲稿和论述；后者从界定民主文化（Defining a Democratic Culture），国家、政府和艺术（State，Administration and the Arts），团结与奉献（Solidarity and Commitment），阶级与社区的资源（Resources of Class and Community），超越工联主义（Beyond Labourism），新社会运动的挑战（The Challenge of the New Social Movements），重新界定社会主义民主（Redefining Socialist Democracy）七个方面收集了威廉斯 1958 年到 1988 年关于文化、民主和社会主义的文章。此外，阿兰·奥康纳出版了《雷蒙德·威廉斯论电视》（*Raymond Williams on Television*：*Selected Writings*），整理了威廉斯对电视的论述。2001 年，约翰·希金斯（John Higgins）编辑的《雷蒙德·威廉斯读本》（*The Raymond Williams Reader*）围绕文化战争（Culture Wars）、反击标准（Countering the Canon）、理论和表征（Theory and Representation）和行动中的文化唯物主义（Cultural Materialism in Action），收录了威廉斯的重要作品。值得一提的是，在"反击标准"一章中，收录了威廉斯《现代悲剧》中《悲剧与革命》一节。2010 年，安德鲁·米尔纳（Andrew Milner）集录了威廉斯讨论小说及乌托邦思想的文字，出版了《想象力的时态：雷蒙德·威廉斯论科幻小说，乌托邦和反乌托邦》（*Tenses of Imagination*：*Raymond Williams on Science Fiction*，*Utopia and Dystopia*）。

其二，威廉斯的传记及生平研究。比如 1995 年，威廉斯的第一本传记——《雷蒙德·威廉斯》（*Raymond Williams*）——由弗雷德·英格里斯（Fred Inglis）写作并出版。在书中，他借助大量的采访，拓展了威廉斯生活的诸多细节。不过，他假设详细地了解威廉斯的生活，而其中一些采访难以确证，这在无形中贬低了该书的价值。再如 2006 年，阿兰·奥康纳的《雷蒙德·威廉斯》（*Raymond Williams*）按照年代顺序，简要勾勒了威廉斯一生的主要工作，尤其是他对理论和文化形式的研究。

其三，对威廉斯著作及其理论的研究。这些研究涉及对威廉斯的电影、电视的媒介研究，小说、戏剧等文学思想，与马克思主义、左派、激进思潮的关系，尤其是他别具一格的文化唯物主义及文化理论。研究者们研究极深，成果颇丰。相对而言，比较重要的著作有以下几部。1994 年，约翰·爱尔德里奇（John Eldridge）和莉齐·爱尔德里奇（Lizzie Eldridge）出版了《雷蒙德·威廉斯：制造关联》（*Raymond Williams*：*Making Connections*）。

该书讨论了威廉斯的大量著作,其中对威廉斯的文学研究和小说创作的研究尤为引人注目。1999 年,约翰·希金斯出版了《雷蒙德·威廉斯:文学、马克思主义和文化唯物主义》(*Raymond Williams*:*Literature*,*Marxism and Cultural Materialism*)。他把威廉斯的生平与作品结合起来,梳理了威廉斯的文学、马克思主义和文化唯物主义思想。关键词的写作形式,使每一部分的论述独立而集中;但同时,它们又是彼此紧密联系在一起的:这为读者阅读理解打开了方便之门。研究威廉斯文化理论的著作还有安德鲁·米尔纳 2002 年出版的《文化研究再想象:文化唯物主义的前景》(*Re-Imagining Cultural Studies*:*The Promise of Cultural Materialism*)和保罗·琼斯(Paul Jones)在 2004 年出版的《雷蒙德·威廉斯的文化社会学:一个批评性的重构》(*Raymond Williams's Sociology of Culture*:*A Critical Reconstruction*)。前者详细梳理了文化唯物主义的生成及演变,以及威廉斯在整个历史维度中所起到的作用;后者集中论述了威廉斯的文化理论,包括他对文化的定义、对形式主义的批判、对文化生产、文化形式的分析。而关于威廉斯与左派、社会主义的渊源则可参见尼克·史蒂文森(Nick Stevenson)的《文化、意识形态和社会主义:雷蒙德·威廉斯和 E. P. 汤普森》(*Culture*,*Ideology and Socialism*:*Raymond Williams and E. P. Thompson*)和史蒂芬·伍德汉姆斯(Stephen Woodhams)的《创造中的历史:雷蒙德·威廉斯、爱德华·汤普森和 1936 年—1956 年的激进知识分子们》(*History in the making*:*Raymond Williams*,*Edward Thompson and Radical Intellectuals* 1936—1956)。

除上述威廉斯研究的著作外,与威廉斯相关的研究论文更是数不胜数,其中有 4 本论文集亦值得重视。1989 年,威廉斯的学生特里·伊格尔顿(Terry Eagleton)编辑了在威廉斯生前就密切关注的论文集——《雷蒙德·威廉斯:批判性视角》(*Raymond Williams*:*Critical Perspectives*),收录了研究威廉斯政治、戏剧、威尔士小说写作的论述。1993 年,W. 约翰·摩尔根(W. John Morgan)和彼得·普勒斯顿(Peter Preston)共同编成《雷蒙德·威廉斯:政治、教育和文学》(*Raymond Williams*:*Politics*,*Education and Letters*),特别关注威廉斯的政治活动以及他对成人教育和大众文化的贡献。1995 年,克里斯多夫·普伦德加斯特(Christopher Prendergast)编成《文化唯物主义理论:论雷蒙德·威廉斯》(*Cultural Materialism*:*on Raymond Williams*),从理论、历史、政治、文学和文化研究等角度收录了对雷蒙德·威廉斯文化唯物主义研究的文章。其中,收录了肯尼斯·苏林(Kenneth Surin)的《雷蒙德·威廉斯论悲剧和革命》(*Raymond Williams on Tragedy and Revolution*)。在勾连了悲剧和革命后,肯尼斯·苏林认为威廉斯的看法只是英语世界的版本,却忽略了悲剧和革命与德国浪漫主义和德国唯心主义的联系。后两者对悲剧革命的讨论,即对威廉斯观念的补充,是肯尼斯,苏林文章的论述重心。1997 年,杰夫·华莱士(Jeff Wallace)、罗德·琼斯(Rod Jones)和索菲·尼尔德(Sophie Nield)编成《今日雷蒙德·威廉斯:知识、局限和未来》(*Raymond Williams Now:Knowledge,Limits and the Future*),书中重点讨论威廉斯在大众文化研究、文化政策等文化理论及思想和其面临的困境和挑战。

然而,即便在这样的情况下,英语世界对威廉斯的现代革命悲剧观的研究却呈现不足之势。令人吃惊的是,就连讨论他的现代革命悲剧思想一定会涉及的核心文献——《现代悲剧》,除一些介绍性文字和书评外,相应的学术论述也并不多见。科尔内尔·魏思特(Cornd West)称它为"时常被忽视的珍宝"①。苏林声称,对这本论及威廉斯历史、政治、文化、文学、社会主义等实践和理论问题的书在"本质上被忽略了"②。帕梅拉·麦卡勒姆(Pamela McCallum)说,《现代悲剧》可能是"威廉斯较少被讨论的作品之一"③。实际上,除上文提到的苏林的相关论述之外,涉及威廉斯的现代革命悲剧思想的文字少之又少,而且它们之中的绝大部分仅零星夹杂在研究他其他理论思想的著述中。

二、国内文献概述

中国对雷蒙德·威廉斯的研究可以追溯至 20 世纪 80 年代末。尽管起步较迟,但经过近三十年的积累,在译介、研究方面也取得了一些成就。

---

① Cornel West:*In Memoriam:The Legacy of Raymond Williams*. In Christopher Prendergast, ed. *Cultural Materialism:on Raymond Williams*. University of Minnesota Press, 1995:xi.

② Kenneth Surin:*Raymond Williams on Tragedy and Revolution*. In Christopher Prendergast, ed. *Cultural Materialism:on Raymond Williams*. University of Minnesota Press, 1995:143.

③ Pamela McCallum:*Questions of Haunting:Jacques Derrida's Specters of Marx and Raymond Williams's Modern Tragedy*. Mosaic, 2007,20(2):236.

　　截至 2016 年 11 月,威廉斯的著作、访谈和论文集已经有十本被翻译成中文。按照出版时间,它们分别是《文化与社会》(1991)、《电视:科技与文化形式》(1994)、《现代主义的政治——反对新国教派》(2002)、《关键词:文化与社会的词汇》(2005)、《现代悲剧》(2007)、《马克思主义与文学》(2008)、《政治与文学》(2010)、《漫长的革命》(2013)、《乡村与城市》(2013)和《希望的源泉:文化、民主、社会主义》(2014)。

　　关于威廉斯的研究,目前已有五本专著,按出版年份分别为 2006 年吴治平的《雷蒙德·威廉斯的文化理论研究》、2007 年刘进的《文学与"文化革命":雷蒙德·威廉斯的文学批评研究》、2009 年赵国新的《新左派的文化政治:雷蒙德·威廉斯的文化理论》、2011 年舒开智的《雷蒙德·威廉斯文化唯物主义理论研究》和 2016 年许继红的《雷蒙德·威廉斯技术解释学思想研究》;另外还有一些硕士、博士论文和大量的期刊论文。威廉斯的文化理论是学者关注的热门话题,五本著作中的三本就与此相关。而威廉斯的文化唯物主义是威廉斯文化理论思想的核心。舒开智的专著以文化、语言、文学和意识形态为关键词,讨论了文化唯物主义中的文化与实践、文本与社会等问题,最后对文化唯物主义理论进行当代审视。专门讨论它的还有1998 年傅德根的博士论文《走向文化唯物主义》、2007 年薛稷的硕士论文《雷蒙德·威廉斯文化唯物主义思想探析》、2008 年梁锦才的硕士论文《雷蒙德·威廉斯文化唯物主义理论研究》、2009 年辛春的硕士论文《论雷蒙德·威廉斯的文化唯物主义思想》、2010 年李巧霞的硕士论文《雷蒙·威廉斯的"文化唯物主义"研究》、2013 年邓建的硕士论文《雷蒙德·威廉斯文化唯物主义思想研究》、2015 年贾佳的硕士论文《雷蒙德·威廉斯文化唯物主义思想及其当代价值分析》、2015 年李笑笑的硕士论文《雷蒙德·威廉斯文化唯物主义理论研究》以及论文若干。[①] 与威廉斯的文化理论相关的,还有对威廉斯

---

　　① 如洪进《威廉斯文化唯物主义思想述评》(2001),张平功《历史之镜:析雷蒙德·威廉斯的文化唯物主义》(2003),乔瑞金、薛稷《雷蒙德·威廉斯唯物主义文化观解析》(2007),段吉方《雷蒙·威廉斯"文化唯物主义"美学的理论范式及其思想意义》(2009),殷旭辉、王华《文化与政治——评雷蒙德·威廉斯的文化唯物主义理论》(2010)等。

的文化定义①、情感结构②、大众文化及共同文化思想③、文化研究④、马克思主义文论研究⑤、现代主义与先锋派⑥、文化哲学研究⑦等方面的讨论。另外，还有部分文章涉及对威廉斯的科技思想⑧、关键词批评⑨、传播媒介⑩、语言符号⑪的研究。

---

①　如 2010 年樊柯博士论文《走向文化社会学——威廉斯文化思想研究》、2008 年傅振玲硕士论文《雷蒙德·威廉斯的文化思想研究》、2010 年吴静媛硕士论文《雷蒙德·威廉斯文化唯物主义的文化观探析》、2011 年徐懿然硕士论文《作为生活方式的文化——威廉斯的马克思主义文化观研究》，以及张平功《雷蒙德·威廉斯的文化阐释》(2001)、李兆前《雷蒙德·威廉斯的"文化"概念透视》(2005)、李曦《雷蒙·威廉斯：文化观念的逻辑重构》(2010)、李兆前《论雷蒙德·威廉斯的文化分类》(2013)、邹赞《试析雷蒙·威廉斯的"文化"定义》(2014)、胡小燕《重构"文化"：T. S. 艾略特与雷蒙德·威廉斯文化之间的关联》(2015)等。

②　如 2015 年韩瑞峰博士论文《感知结构：雷蒙·威廉斯的理论追寻》，2011 年李三达硕士论文《雷蒙·威廉斯"感觉结构"的批判性考察》，2013 年谢菁硕士论文《论雷蒙·威廉斯的情感结构理论》，2014 年胡晓晨硕士论文《文化、社会与感觉结构——解读雷蒙德·威廉斯的两个基础文本》，以及傅德根《感觉结构概说——雷蒙德·威廉斯的文化唯物主义的一个概念》(2006)、杨击、叶柳《情感结构：雷蒙·威廉斯文化研究的方法论遗产》(2009)，邓韵娜《雷蒙德·威廉斯文化理论中的"体验结构"思想》(2015)等。

③　如 2009 年赵金平博士论文《雷蒙·威廉斯共同文化思想研究》、2001 年黄华军硕士论文《雷蒙德·威廉斯的大众文化思想及其影响》，以及傅德根《威廉斯论共同文化》(2000)、李媛媛《谈雷蒙德·威廉斯思想中的"大众文化"问题》(2003)、黄华军《雷蒙德·威廉斯大众文化思想的理论立场》(2005)等。

④　如 2001 年赵国新博士论文《背离与整合——雷蒙·威廉斯与英国文化研究》、2009 年杨炯斌博士论文《雷蒙德·威廉斯和文化研究的转向》、2009 年路莉侠硕士论文《论雷蒙德·威廉斯对文化研究的贡献》以及杨击《雷蒙·威廉斯和英国文化研究》(2003)、金惠敏《一种定义·一种历史——威廉斯对英国文化研究发展史的理论贡献》(2006)等。

⑤　如傅德根《威廉斯与文化领导权》(2000)、王淑芹《威廉斯对马克思关于经济基础与上层建筑关系的解读》(2006)、殷旭辉《文化唯物主义的理论尝试——评雷蒙德·威廉斯的马克思主义》(2009)、刘进《雷蒙德·威廉斯与马克思主义传统》(2011)、吴红《立场、概念与方法——解读雷蒙德·威廉斯〈马克思主义文化理论中的基础与上层建筑〉》(2011)、杨炯斌《雷蒙·威廉斯文化理论的葛兰西转向》(2014)等。

⑥　如 2011 年杨磊硕士论文《雷蒙·威廉斯的"现代主义"文化批判》等。

⑦　如 2011 年王晗博士论文《雷蒙德·威廉斯的文化社会学思想研究》、2015 年李丽博士论文《雷蒙德·威廉斯文化哲学思想研究》等。

⑧　如 2016 年许继红的专著《雷蒙德·威廉斯技术解释学思想研究》(在她的 2010 年博士论文《雷蒙德·威廉斯技术解释学思想研究》的基础上完成的)。

⑨　如冯宪光《文化研究的词语分析——雷蒙德·威廉斯〈关键词〉研究》(2006)、黄擎《论雷蒙·威廉斯"关键词批评"的反辞书性》(2011)、黄擎《雷蒙·威廉斯与"关键词批评"的生成》(2011)等。

⑩　如张玉娟 2011 年硕士论文《雷蒙德·威廉斯电视理论解析》以及张亮《雷蒙·威廉斯"文化唯物主义"视域中的电视》(2008)。

⑪　如李永新《文学与社会：以表意实践为中介——论雷蒙德·威廉斯的历史符号学理论》(2010)。

　　然而相较之下，国内学者对威廉斯的文学理论及思想的关注和研究明显不足。除 2007 年刘进的专著①外，以研究威廉斯的文学思想为专题的博士论文还有 2006 年李兆前的博士论文《范式转换：雷蒙德·威廉斯的文学研究》。他借助托马斯·塞缪尔·库恩（Thomas Sammual Kuhn）范式（paradigm）的理论资源来研究威廉斯的文学观念，富有启发意义。就检索中国知网（CNKI）的情况，还有研究威廉斯文学思想的三篇硕士论文来看，2005 年晏萍硕士论文《威廉斯文化研究视阈中的文学理论及意义》，在威廉斯文化研究的基础上讨论他的文学理论，但是作者对前者论说的比重远远大于后者，难免有头重脚轻之感；2013 年李婧硕士论文《雷蒙·威廉斯的文学批评研究》，对威廉斯的文学思想进行了宏观介绍；2015 年彭小丹硕士论文《雷蒙·威廉斯的文学空间批评研究》，以威廉斯《乡村与城市》为核心文本，思考威廉斯文学空间批评的维度、路径及意义。此外，还有一些从威廉斯戏剧研究、现代主义文学研究等角度讨论的单篇论文。②

　　在威廉斯的文学思想中，阐发较多的是威廉斯的悲剧观。尽管目前还未见到专门论述它的博士论文，但以此为话题的硕士论文共有三篇。2011 年，孙煜的硕士论文《论雷蒙德·威廉斯的现代悲剧观》介绍了威廉斯的悲剧观念，讨论了悲剧观念的历史理论背景、基本特点及其文化革命形式，并将其与黑格尔和戈德曼的理论做比较；2012 年，屈海燕的硕士论文《雷蒙德·威廉斯悲剧观现代意义探询》，作者把重点放在《现代悲剧》一书中，讨论了情感结构、悲剧的现代特征及现代意义；2016 年，尹慧青的硕士论文《雷蒙德·威廉斯的现代悲剧理论研究》，着重分析了威廉斯在前人悲剧理论基础上的反思及重构。另外，肖琼的两篇论文值得重视。在《论雷蒙·威廉斯的现代悲剧观》（2009）中，作者论述了雷蒙德·威廉斯的现代悲剧观念的背景，威廉斯对现代悲剧的定义，如死亡、邪恶等悲剧理论的关键词，并且将威廉斯的悲剧观与黑格尔、叔本华的理论做比较。其中，作者指出威廉斯从悲剧的视角介入革命和革命的悲剧性。在《情感结构与悲剧经验：雷蒙·威廉斯的悲剧理论与文学批评》（2014）中，作者从威廉斯的情感结构

---

　　① 刘进的专著是在其 2007 年博士论文《文学与"文化革命"：雷蒙德·威廉斯的文学批评研究》的基础上修改而成的。

　　② 如殷企平《召唤新现实主义——威廉斯小说观述评》（1997），殷企平《威廉斯小说观补论》（2000），李兆前《雷蒙德·威廉斯的戏剧理论研究》（2006），王小强、袁凤香《论雷蒙·威廉斯戏剧研究的方法论意义》（2012）等。

入手,指出威廉斯是在生活经验上重塑现代悲剧的,并且把革命与悲剧联系在一起,这对人们理解威廉斯的现代革命悲剧观十分重要。还有,由于威廉斯悲剧观念的提出与斯坦纳"悲剧之死"有密切关联,也有人在这一背景下,对威廉斯悲剧观念进行梳理与比较。例如,专门设置章节讨论的2012年张乾坤博士论文《乔治·斯坦纳的"悲剧衰亡"论研究》及李兆前的《雷蒙德·威廉斯的戏剧理论研究》(2006)。还有一些论文也在探究威廉斯其他思想中涉及了威廉斯的悲剧观。例如2015年韩瑞峰博士论文《感知结构:雷蒙·威廉斯的理论追寻》和2013年谢菁硕士论文《论雷蒙·威廉斯的情感结构理论》。除此之外,还有把威廉斯和伊格尔顿的悲剧观做对比的论文。[①]

遗憾的是,把悲剧与革命连接起来的论述并不多见。就笔者目力所及,没有看到以威廉斯的"革命""悲剧"为关键词,专题讨论威廉斯现代悲剧革命观的硕士、博士论文——即便威廉斯这一观念在他们的论文中有些许体现。如刘进的博士论文在第三章《文化革命与文学形式》中,从文化革命的角度讨论了威廉斯的悲剧思想。再如,孙煜的硕士论文里有一节陈述了威廉斯的革命与悲剧。除了一些简单介绍性的文字外,有关威廉斯现代悲剧革命思想的单篇论文,首推张乾坤的《认识悲剧与否定悲剧——雷蒙·威廉斯革命悲剧观论析》(2015)。在文中,他简要梳理并论述了威廉斯的革命思想、悲剧思想以及两者的关系和革命悲剧的表现。还有,除了肖琼的上述论文外,她在《悲剧与革命:马克思主义悲剧理论的发展与贡献》(2012)中也提及了威廉斯的现代革命悲剧观念。作者以悲剧与革命的视角分析威廉斯的悲剧观,侧重革命悲剧性和与革命密切相关的"牺牲"维度。此外,陈奇佳、宋晖《革命悲剧及其局限——论雷蒙·威廉斯的悲剧观念》(2013)在讨论威廉斯悲剧理论的同时,谈及了他革命的悲剧思想对悲剧理论的贡献及其困境。

综上所述,限于篇幅或研究重心,无论国内还是国外,对威廉斯的现代革命悲剧观念的研究并不充分。威廉斯的这一观念在其纷繁复杂的理论中看似并不起眼,实则非常重要,人们甚至能据此贯穿他一生的理论体系。因而,详细讨论威廉斯的现代革命悲剧观就显得很有必要。雷蒙德·威廉

---

① 如柴焰《反抗"悲剧之死"与反抗"后现代"——威廉斯与伊格尔顿悲剧观比较》(2011)。

斯关于现代革命悲剧观念的论述,集中在被视为对斯坦纳未公开反驳①的《现代悲剧》中的《悲剧与革命》(*Tragedy and Revolution*)一节和收录在《现代主义的政治——反对新国教派》(*Politics of Modernism: Against the New Conformists*)的《〈现代悲剧〉编后记》(*Afterward to Modern Tragedy*)一文中。其中,前者是《文化与社会》《戏剧:从易卜生到艾略特》《漫长的革命》和《关于一个悲剧的对话》的延续,也是威廉斯现代革命悲剧观念集中论述地;后者写于 1979 年,在这篇文章中,威廉斯依旧坚持自己的革命悲剧观念,在愈加强调其中的某些观点的同时另有所拓展。易言之,威廉斯 1979 年的革命悲剧观和他于 1966 年出版的《现代悲剧》相契合,这十三年来威廉斯出版的著作亦可作为参考。此外,他与《新左派评论》的访谈中也涉及了他的现代革命悲剧观念,这部分收录在《政治与文学》(*Politics and Letters: Interviews with New Left Review*)中。在他的现代革命悲剧理论中,威廉斯没有明确给"现代"这一关键词以明确的时间界定。不过在纵观威廉斯的著作之后,我们把他的这个观念放在工业革命后——尤其是易卜生及其之后——至 20 世纪 60 年代中叶这一时间段内来考察。因为这段时间内发生的事情是形成威廉斯的现代悲剧革命观念的主要依据。本文在文献细读的基础之上,联系威廉斯的时代背景及所处的悲剧传统,将其生活经验特别是革命实践同他的学术思想结合起来,并以马克思和恩格斯的革命悲剧观念为参照,来探究他的现代革命悲剧观念。

---

① 尽管在这本书里,威廉斯几乎没有明确提及他要相对抗的观点,也没有提斯坦纳的名字,但很多研究者都认为他是对斯坦纳《悲剧之死》的广泛讨论的直接回应。如持此观点的有 Charles Swann(威廉斯的学生,基尔大学美国文学高级讲师)、Fred Inglis、Kenneth Surin、Pamela McCallum、Terry Eagleton(威廉斯的学生)等。参见 Fred Inglis: *Raymond Williams*. Taylor & Francis e-Library, 2005: 185, 191. Kenneth Surin: *Raymond Williams on Tragedy and Revolution*. In ChristopherPrendergast, ed. *Cultural Materialism: on RaymondWilliams*. Minneapolis: University of Minnesota Press, 1995: 143. Pamela McCallum: *Questions of Haunting: Jacques Derrida's Specters of Marx and Raymond Williams's Modern Tragedy*. Mosaic, 2007, 20(2): 233. Terry Eagleton: *Criticism and Politics: The Work of Raymond Williams*. New Left Review, 1976, 95: 18—19. [英]特里·伊格尔顿:《甜蜜的暴力——悲剧的观念》,方杰、方宸译,南京大学出版社 2007 年版,第 1—21 页。

第三节　雷蒙德·威廉斯生平及其现代革命悲剧观念之缘起

在 20 世纪 60 年代,有一个人用"现代"这一维度将"革命"与"悲剧"这一对看似互不相关的词汇紧密联系起来。他充分地阐述了革命与悲剧的同源性与同构性,清楚地印证了革命的悲剧性。他为人儒雅谦逊,学术功底深厚扎实;加之实践经验的长久滋养,形成了内容丰富、见解独特的现代革命悲剧观念,为悲剧理论学术史做出了自己的贡献,留下浓墨重彩的一笔。他就是被科尔内尔·魏思特(Cornel West)誉为"欧洲时代(1492—1945)终结前出生的最后一位伟大的欧洲革命社会主义男性知识分子"[①]——雷蒙德·威廉斯。

一、雷蒙德·威廉斯的生平概述及思想基础

雷蒙德·威廉斯的现代革命悲剧观深深根植于他所生活的环境和经验之中。故在正式讨论威廉斯的现代革命悲剧观念之前,我们有必要回溯威廉斯的生平以及其思想渊源。

(一)雷蒙德·威廉斯的生平概述

集文化理论家、批评家、戏剧作家、政治活动家、编辑、传播理论家、马克思主义文论研究者等多重身份于一身的雷蒙德·威廉斯,1921 年出生于威尔士(Wales)的边界乡村潘迪(Pandy)。他的祖父及父亲都是工党的活跃分子,他的父亲是铁路信号员,同时也是一位社会主义者,曾经担任过工党的支部书记,并参加过"一战"和震撼世界的 1926 年大罢工。威尔士人的出身,劳工家庭的背景,再加上父辈的影响,使得威廉斯很早就对工党及社会主义有所了解,为他一生的社会政治走向埋下伏笔。年仅十四岁,他就在大选中为工党候选人迈克尔·福特(Michael Foot)助选。1937 年,他加

---

① Cornel West: *In Memoriam*: *The Legacy of Raymond Williams*. In Christopher Prendergast, ed. *Cultural Materialism*: *on Raymond Williams*. University of Minnesota Press, 1995:IX.

入由工党激进分子管理的左派图书俱乐部,通过阅读认识了帝国主义和殖民主义,明白了此时的国际形势,知道正在发生的阿比西尼亚战争、西班牙内战和中国革命。[①] 从阿伯加文尼(Abergavenny)的语法学校毕业后,1939年,威廉斯进入剑桥大学三一学院,主修英语语言文学。同年10月,他加入社会主义俱乐部,阅读了马克思主义著作,并与之终身保持紧密的联系。12月,他加入共产党,"我十分了解它,相信它可以是我参与政治的地方"[②]。在大学期间,他担任《剑桥大学校报》《瞭望》杂志的编辑,担任剑桥人民大会艺术与教育部主席,是三一学院学生联盟的联合创立者。"二战"爆发后,1941年7月,威廉斯应征入伍;1942年入皇家炮兵部队服役,后担任指挥官。1945年,他以B级复员并被列入Z级后备军官名单,返回剑桥继续学业,并"相当狂热地重新拾起学术活动"[③],特别在对易卜生(Henrik Ibsen)的研究中投入了非常大的精力。1946年,威廉斯在远程教育代表团得到工作,担任牛津大学辅导课程委员会指导教师,开始了长达十五年的成人教育工作。他讲授的课程非常驳杂,不仅包括与工作技能相关的课程(如公众写作、演讲等),也有文学教育等方面的内容。特殊的工作环境对于威廉斯来说,不仅是挑战,也是非常难得的自我学习的经历。因为通常在教学中,他把授课内容调整为"2/3的课程用于那些我从未读过或者所知甚浅的作品"[④],所以他亦借机广泛地阅读大量的文学作品,在一定程度上弥补了在剑桥学习期间知识上的不足,为他的文学研究和文化研究等相关著述打下了牢固的基础。此外,这份工作让威廉斯贴近社会大众,了解他们的喜好和诉求,以及通俗文化对他们的影响。威廉斯认为,他"后来的许多作品都源自这次在工作上的选择"[⑤]。1947年至1948年,威廉斯与克里夫特·考林斯(Clifford Collins)和沃尔夫·曼考维兹(Wolf Mankowitz)一起,致力于编辑观点开放的评论刊物——《政治与文学》(*Politics and Letters*)。1953年之后,他陆续成为《批评评论》(*Criticism*)、《大路》(*The Highway*)、《新左派评论》(*New Left Review*)、《收听者》(*The Listener*)、

[①]　[英]雷蒙德·威廉斯:《政治与文学》,樊柯、王卫芬译,河南大学出版社2010年版,第12—13页。

[②]　同上,第23页。威廉斯认为,那时在他的阅读经验中,共产主义与工党政治之间没有截然的对立。所以,他加入共产党并不意味着放弃了工党政治,也不意味着转换了立场。

[③]　同上,第44页。

[④]　同上,第237页。

[⑤]　同上,第50页。

《新政治家》(*New Statesman*)等重要杂志的供稿人。1961 年,威廉斯接受剑桥大学英语系讲师的教职,并被推举为耶稣学院学术委员会成员。同年,威廉斯加入工党,曾为工党候选人工作。但在 1966 年,因工党支持美国介入越南战争,威廉斯决定辞去工党职务并退出工党。1969 年,威廉斯任"左派"全国大会主席和大会纪律委员会主席。1974 年,他成为剑桥大学有史以来第一位戏剧教授,此后一直在剑桥工作。1988 年,这位"英语世界中最具权威性、始终如一、独具匠心的社会主义思想家"①溘然长逝。

　　威廉斯治学严谨,著述颇丰,生前出版了将近三十本著作和五百多篇文章。② 他的研究范围涉及历史、小说、戏剧、传播学、社会学、政治学、语言学、思想史、文化理论等诸多领域,在一定程度上打破了学科疆界。按出版的先后顺序,他的主要理论著作有《戏剧:从易卜生到艾略特》(*Drama from Ibsen to Eliot*,1952);后经修订、拓展和补充为《戏剧:从易卜生到布莱希特》(*Drama from Isben to Brecht*,1968)、《文化与社会》(*Culture and Society*,1958)、《漫长的革命》(*The Long Revolution*,1961)、《阅读与批评》(*Reading and Criticism*,1962)、《现代悲剧》(*Modern Tragedy*,1966)、《英国小说:从狄更斯到劳伦斯》(*The English Novel from Dickens to Lawrence*,1970)、《奥威尔》(*Orwell*,1971)、《乡村与城市》(*The Country and the City*,1973)、《电视:科技与文化形式》(*Television:Technology and Culture Form*,1974)、《关键词:文化与社会的词汇》(*Keywords:A Vocabulary of Culture and Society*,1976)、《马克思主义与文学》(*Marxism and Literature*,1977)、《唯物主义和文化中的问题:论文选》(*Problems in Materialism and Culture:Selected Essays*,1980)、《迈向 2000》(*Towards 2000*,1983)、《社会写作》(*Writing in Society*,1984)等。除此之外,威廉斯还创作过多部小说和戏剧,他的作品也被翻译成中文、德语、意大利语、法语、西班牙语、葡萄牙语等多国语言。《新左派评论》编委会曾高度评价威廉斯的工作成绩及其作品的影响力:"在发达资本主义国家里,很少有社会主义者能够通过如此恒定、常具有极高智力标准的作品

----

　　① ［英］罗宾·布莱克本:《序言》,祁阿红、吴晓妹译。见［英］雷蒙·威廉斯:《希望的源泉:文化、民主、社会主义》,祁阿红、吴晓妹译,译林出版社 2014 年版,第 1 页。

　　② 参见 Alan O'Connor:*Raymond Williams*. Rowman & Littlefield Publishers, Inc, 2006: 115.

宣称赢得并保持了这么广泛的读者群。"①

(二)雷蒙德·威廉斯的思想基础

早在《文化是平常的》(*Culture is Ordinary*,1958)一文中,雷蒙德·威廉斯坦承自己进入剑桥后,有两股思潮对他产生了深刻影响:"第一个是马克思主义,第二个是利维斯的教诲。尽管后来我对他们有许多不同看法,但我一直很尊重他们。"②威廉斯幼时的经历、背景和时代赐予的机缘,加上他对马克思主义(Marxism)理论和利维斯(Frank Raymond Leavis)思想的批判性选择和吸收,共同决定了他随后的社会主义信仰、文化选择和政治参与。毫不夸张地说,这两者给威廉斯提供了最重要的思想来源和理论滋养。因而,简要考察威廉斯与它们内在的紧密关联,对我们考察其现代革命悲剧观念显得格外重要。

1. 雷蒙德·威廉斯与马克思主义

雷蒙德·威廉斯曾自述:"以往 35 年来我所做的每一点工作,都以某种复杂或直接的方式(虽然常常没有记载下来)同马克思主义的观念和讨论发生着联系。"③与此同时,他却拒绝人们为他在各种场合中贴上的"马克思主义者"这一单调标签,更愿意让人们描述他为革命的社会主义者或共产主义者。④ 威廉斯与马克思主义的关系之复杂,由此可见一斑。一方面,这源于威廉斯和马克思主义本身思想的繁复混杂,一直处于不断地变化之中;另一方面,这来自威廉斯在不同时期对马克思主义资源的阅读和接受。

1937 年,威廉斯赴日内瓦参加国联组织的青年会议,买了一本《共产党宣言》(*Manifesto of the Communist Party*),这是他第一次接触到马克思的作品。1939 年进入社会主义俱乐部后,他阅读马克思、恩格斯和列宁(Ле́нин,英文 Lenin)等人的著作,在马克思主义作品极其有限的状况下讨论马克思主义。威廉斯在 20 世纪 70 年代回忆道,那时为他深信不疑的马克思主义正统观念具有强烈的排他性,其本质上是一种激进的民粹主义

---

① 新左派评论:《前言》,樊柯、王卫芬译。见[英]雷蒙德·威廉斯:《政治与文学》,樊柯、王卫芬译,河南大学出版社 2010 年版,第 I 页。

② [英]雷蒙·威廉斯:《希望的源泉:文化、民主、社会主义》,祁阿红、吴晓妹译,译林出版社 2014 年版,第 8 页。

③ [英]雷蒙德·威廉斯:《马克思主义与文学》,王尔勃、周莉译,河南大学出版社 2008 年版,第 5 页。

④ 同②,第 73 页。

(populism)。在文学及文化中,这种立场的体现并非为强调文本自身的批评,而是反对任何权威或先见,把它放在广阔的社会历史背景之下来探索,重视文学的形成过程以及与大多数人生活的关联。威廉斯工人阶级的家庭出身和社会经历,使他对这些与学业互不相容的立场保持天然的亲近,并且有选择地吸收它们。此外,在这一时期,威廉斯熟识了马克思主义政治经济学的分析方法,坚定了唯物主义和社会主义的信念。这刺激他终其一生对社会积极介入:在各种不同的场合中反对资本主义的政治、经济和文化,甚至不惜与英国官方文化相对抗。此后,对马克思主义的研究日趋狭窄和专业化,以及处于封闭状态的威廉斯继续广泛深入地阅读马克思主义著作,拒绝当时流行的经济基础与上层建筑之间简单的、抽象的、静止的、稳定的划分。他辩证地思考,"更加深入自觉地进行文化的和文学的研究与探索"[1],以便把握整个社会进程。

20 世纪 50 年代中期以后,威廉斯能够接触到格奥尔格·卢卡契(GeorgLukács)、贝尔托·布莱希特(Bertolt Brecht)以及其他新的研究成果。他利用相应的资料,梳理马克思主义文化及文学理论史,重新调整自己与马克思主义的距离,并对其有更多的筛选和取舍。他拒绝了僵化的、排斥其他理论的马克思主义立场,并把它修正为"积极的、动态的、绝非僵化且不断辩证发展的"[2]。随着马克思主义理论资源的不断扩大,威廉斯读到了让—保罗·萨特(Jean-Paul Sartre)、路易·皮埃尔·阿尔都塞(Louis Pierre Althusser)、吕西安·戈德曼(Lucien Goldmann)等人的著作。同时他又重读法兰克福学派(Frankfurt School)、安东尼奥·葛兰西(Antonio Gramsci)以及马克思作品的新翻译版本——"特别是《大纲》(Grundrisse)一书"[3]。此外,他还在课堂上、讲座中与同仁们展开国际性探讨。这一切的回应体现在他"与马克思主义正式建立友善关系"[4]的《马克思主义与文学》一书中。在书里,他分析了如基础(base)、上层建筑(superstructure)、生产力(productive forces)、霸权(hegemony)等马克思主义文论中的关键词,在多样化、可供选择的传统中,把文化、语言、文学和意识形态勾连起

---

① ［英］雷蒙德·威廉斯:《马克思主义与文学》,王尔勃、周莉译,河南大学出版社 2008 年版,第 3 页。

② 同上,第 4 页。

③ 同上,第 4 页。

④ Terry Eagleton: Introduction. In Terry Eagleton, ed. Raymond Williams: Critical Perspectives. Polity Press, 1989: 6.

来。他强调文学和文化是物质的、历史的、社会的、动态的和实践的,并创立了马克思主义的文化唯物论(cultural materialism)。在此,威廉斯为马克思出于种种原因未能建立的文化理论打开了极大的空间,为马克思主义批评做出了贡献。

以上我们简要勾勒了威廉斯的一生与马克思主义的关联。在其现代革命悲剧观念中,威廉斯至少有两个方面与马克思主义暗中携手:其一是威廉斯超越资本主义的社会主义信仰,这是他毕生为之奋斗的目标;其二是威廉斯把文学与社会联系起来,强调两者的整体而不是局部的关联,使文学回归到人们对生活的体验之中。

2. 雷蒙德·威廉斯与利维斯

雷蒙德·威廉斯非但不是利维斯的正式学生,而且也明确拒绝别人用"左派利维斯主义"来描述他的作品。但在与《新左派评论》三位编辑佩里·安德森(Perry Anderson)、安东尼·本奈特(Anthony Barnett)和弗朗西斯·马尔赫恩(Francis Mulhern)的访谈中,他坦言利维斯在批评范围和实用批评(practical criticism)方面吸引了他。①

"首先影响我的是利维斯广泛的抨击范围,他抨击的对象有学院派、布鲁姆斯伯里团体、都市文学文化、商业出版和广告。"②利维斯把文学注入道德的因素,注重对趣味及个人价值观的培养,强调经典文学作品的伟大精髓,抵制工业文明、消费主义和大众文化的无序和混乱。他反对英语研究的日趋专业化、对政治时事漠不关心的做法。对社会文化健康、人性状况的关注,促使他不仅认为文学与人们的生活休戚相关,而且还把批评范围由文学拓展到电影、报纸等诸多文化现象。注重文学与生活经验的联系和批评对象范围的扩大,这两点人们在威廉斯的著作中也不难发现。另一方面,利维斯在捍卫"伟大的传统"的过程中,把文学艺术视为守护者和拯救者,反对粗俗不堪的大众文化的做法,体现了狭隘而激进的精英主义观念,忽略了人们居于真实情景中的回应。这是底层出身的威廉斯断然不能接受的。他自觉远离高雅文化所建立的标准,拒绝文化中"高"(high)与"低"(low)之间的划分,在诸如电影、电视和广告的文化分析中转向它们的表征及意指实践,讨论社会、政治和文化身份的问题,实现了对利维斯思想的反

---

① [英]雷蒙德·威廉斯:《政治与文学》,樊柯、王卫芬译,河南大学出版社2010年版,第49—50页。

② 同上,第49页。

叛和颠覆。

在威廉斯"对自己文学批评水平很不满意"①的时候,他从利维斯的文学研究中看到了令自己兴奋而陶醉的实用批评。这一批评方法在威廉斯进入剑桥时蔚然成风,甚至在文学批评中占据了主导地位。它由艾·阿·瑞恰慈(Ivor Armstrong Richards)在剑桥英文系创立,看重阅读和意义之间的问题,强调以文本为中心的细读(close reading),排除作家、社会等因素的干扰,希望寻得对文本毫无偏见与歪曲的反应。直到 20 世纪 70 年代末,实用批评仍然是"课程每一阶段的必修论文"②。如前所述,利维斯的文学批评与社会相结合,那么在他的实用批评中,则看重的是文本细读的方法以及文本语言自身含义的丰富性;就形式来说,也不再局限于通常限定的诗歌形式。这一被扩大范围的分析模式,"无论是否对利维斯感兴趣,无论是否赞同他,我们都在实践这种模式"③。威廉斯从中学到了对语言缜密细致的分析能力以及如何对文本呈现出来的内容做出反应,不仅将它们运用到现代文学、电影、电视等不同形式的解读之中,也运用在现代革命悲剧的解读中。

像这样,马克思主义与利维斯思想一并融入威廉斯的智库之中,两者相互作用与补充,共同为其现代革命悲剧观念提供思想理论基础。无论是马克思主义还是利维斯思想,均反对文学和社会生活之间的分裂。如下文将要看到的,威廉斯对现代革命悲剧的研究中,体现了在他深入关联文学与广阔的社会生活之间的联系。与此同时,马克思主义帮助威廉斯拒绝利维斯思想中专制而肤浅的精英主义,将关注的目光转移到普通人的生存状况;而利维斯思想则从旁协助他摆脱了当时在马克思主义中流行但却贫乏的经济决定论。再加上两者给予威廉斯文本分析的方法、社会主义的信仰等多种观念,使诸多思想在他的理论体系中互为补充、融合,共同成就了威廉斯的现代革命悲剧观念。

二、现代革命悲剧观念的提出背景

工业革命后,更高效的生产模式得以建立,资本主义在西方各个国家

---

① ［英］雷蒙德·威廉斯:《政治与文学》,樊柯、王卫芬译,河南大学出版社 2010 年版,第 49 页。
② 同上,第 180 页。
③ 同上,第 180 页。

得到空前发展。经济飞速发展,科学技术日新月异,各种新鲜事物层出不穷,人们的物质水平和生活水平有了极大提高。随着资本主义的不断扩张,工业化和城市化加剧,人们在享受它带来的巨大福祉的同时,不得不承受其所带来的后果。旧的社会群体的瓦解,人际关系的丧失,传统信念的怀疑,目的与意义的消解,让平静、稳定、安全、希望等这些美好的词语与人们的日常生活渐行渐远;取而代之的是在黑暗和浓雾的笼罩下,无处不在的孤独、恐惧、残忍、压抑、混乱和精于算计。一方面,精确明晰的科学原则和理性精神渗透到生活中的各个交流层面;另一方面,个人与社会相对立,人们在分裂、迷茫、冷漠和痛苦中绝望地挣扎,"社会疏离进入到了人的个性之中,并破坏了其去爱的能力"[1]。现代文学中,人们所体会到的疏离、挫败、焦虑、异化、失序、反抗、虚无渐渐成了核心主题。

到了20世纪,资本主义继续高歌猛进,但西方现代社会的危机非但没有减缓的迹象,反而愈演愈烈。为了争夺原材料和市场,国家之间发生了尖锐的矛盾冲突,第一次世界大战的爆发便是明证。20世纪30年代短暂的繁荣之后,便是波及整个资本主义的经济大萧条,大范围的失业危机缠绕着社会动荡的英国,全国上下陷入无奈、忧郁而悲伤的情绪之中。1939年,席卷世界的"二战"爆发,人们饱受杀戮、死亡、饥饿、流离失所的空前苦难。即使1945年"二战"结束,也绝不意味着这一状况的终结。冷战、朝鲜战争、古巴革命战争、东德动乱、波兰波兹南工人罢工、苏伊士运河事件、匈牙利武装暴动、刚果战争……战争与革命仍在延续,方方面面都处于深刻的变动之中。但令人咋舌的是,人们所经历的、与悲剧和革命相关的种种复杂情绪却被官方以种种手段掩盖,并且指向一种平静而愉快的前景。[2]

在这样的情境里,有相当一批人无视社会中的悲剧及苦难,从而造成西方学术界弥漫着一股"悲剧死亡"的风气。[3] 关于这一问题的讨论可以追溯至尼采的《悲剧的诞生》(*DieGeburt der Tragödie*,英文 *The Birth of Tragedy*),经过20世纪初到30年代的酝酿,在"二战"后至20世纪80年代末达到高潮。在这一时期里,参与的学者众多,成果较为丰富,佳作迭

---

[1] [英]雷蒙·威廉斯:《乡村与城市》,韩子满、刘戈、徐珊珊译,商务印书馆2013年版,第288页。

[2] [英]雷蒙德·威廉斯:《〈现代悲剧〉编后记》,阎嘉译。见[英]雷蒙德·威廉斯:《现代主义的政治——反对新国教派》,阎嘉译,商务印书馆2002年版,第137页。

[3] 关于下文"悲剧衰亡"论及乔治·斯坦纳"悲剧之死"的观点,参考了张乾坤的博士论文。参见张乾坤:《乔治·斯坦纳的"悲剧衰亡"论研究》,山东大学博士学位论文,2012年。

出。他们讨论范围相对集中,主要议题如下:"悲剧是否已经衰亡? 悲剧如
果衰亡,那么,其原因是什么? 现代悲剧是否可能,或者说现代有没有悲
剧?"①在此期间,持"悲剧衰亡"观点的、被誉为"悲剧衰亡论"学派(the
death-of-tragedy school)的集大成者是乔治·斯坦纳(George Steiner)②。
他于1961年在剑桥担任研究员一职,同年出版了卓有见地的著作《悲剧之
死》(The Death of Tragedy)。与此同时,反对"悲剧衰亡"观点的学者同
样也不在少数,雷蒙德·威廉斯就是其中的一位。威廉斯虽然高度赞赏斯
坦纳的成就,但并不赞同他的观点。再加上1961年,威廉斯离开成人教育
事业,重返剑桥,他深为悲剧课程的意识形态思想体系所震惊,次年便在
《新左派评论》上撰文《关于一个悲剧的对话》(A Dialogue On Tragedy,
1962),对"悲剧衰亡"的论调做出回应。在论证中,这一讨论有了新的扩
展。同时,威廉斯正在讲授现代悲剧课程③,意识到"有关悲剧本质的更为
一般性的争论"④,从而改变了既定的教学内容。

　　此外,面对在危机动乱的年代里暂时存在的"恐怖的平衡",尽管官方
主导意识形态宣称它是愉悦乐观的;但在20世纪60年代的剑桥校园里,革
命的观念却影响深远,冲突失序、混乱不堪的状态深入人心,学校里也有充
足的活动。综合以上关于历史政治背景和文化学术状况的论述,再加之威
廉斯自身遭遇的现代性体验、参加战争与革命的实际经验以及他长期对戏
剧文学的兴趣和精力的投入,共同塑造了威廉斯原本没有计划,却应运而
生的反抗正统权威的现代革命悲剧观。

---

①　张乾坤:《乔治·斯坦纳的"悲剧衰亡"论研究》,山东大学博士学位论文,2012年。
②　据张乾坤的论述,"悲剧衰亡"论学派的其他论者的观点要么直接附和了斯坦纳的某些观
点,要么不自觉地契合了他的观点;而且他们产生的影响远不及斯坦纳的《悲剧之死》。所以,这里
以斯坦纳的观点为代表来说明"悲剧之死"。参见张乾坤:《乔治·斯坦纳的"悲剧衰亡"论研究》,山
东大学博士学位论文,2012年。
③　这一课程名称原为"在现代文学中的悲剧本质"(The Nature of Tragedy in Modern
Literature),第二年被威廉斯改为"现代悲剧"(Modern Tragedy)。参见 Pamela McCallum:
Questions of Haunting: Jacques Derrida's Specters of Marx and Raymond Williams's Modern
Tragedy. Mosaic,2007,20(2):232.
④　[英]雷蒙德·威廉斯:《政治与文学》,樊柯、王卫芬译,河南大学出版社2010年版,第203页。

第四节　现代悲剧观念：现代革命
悲剧观念的立论基础

出于雷蒙德·威廉斯的家庭背景、生活经验以及其所受马克思主义的长期渐染的原因，他一直坚持社会主义的信念。面对资本主义社会，他期盼革命自是顺理成章的事情。不过，令人吃惊的是，他却将上升的、前进的革命之路看作悲剧。革命何以成为悲剧，这是现代革命悲剧理论所要处理的关键问题之一。这不仅取决于威廉斯如何看待革命，也取决于威廉斯如何看待悲剧。故在探讨雷蒙德·威廉斯的现代革命悲剧观念之前，我们必须弄清楚他眼中的现代悲剧和革命形式指的是什么。从威廉斯在《现代悲剧》的行文及逻辑顺序上看，虽然他的现代悲剧理论源于包括革命在内的现实社会，不过他的现代革命悲剧理论则是在其现代悲剧理论的框架下叙述并生发的。就两者所属的范围及相互关系来看，现代悲剧理论的范围大于且包括现代革命悲剧理论的范围。出于以上的考虑，尽管从时间上看，《漫长的革命》——威廉斯集中论述其革命思想的著作——出版于 1961 年，早于其对现代悲剧问题的研究，[1]但本书仍把现代悲剧理论视为威廉斯现代革命悲剧的立论基础。所以在讨论现代革命悲剧前，我们首先要厘清威廉斯关于现代悲剧理论的相关问题。本节主要阐述三个问题：其一是"感觉结构"[2]〔structure(s) of feeling〕的概念；其二是威廉斯对"悲剧"（tragedy）一词的界定和领域；其三是威廉斯具体的现代悲剧观念。

一、感觉结构

"感觉结构"是雷蒙德·威廉斯创造的广为流传的术语之一。这是他现代悲剧理论和现代革命悲剧观念的立足点；是他研究与此相关的问题的切入点；也是在接下来的论述中，无论如何也绕不开的话题。所以，对这一概

---

① 《关于一个悲剧的对话》发表于 1962 年；集中论述现代悲剧问题的《现代悲剧》于 1964 年写毕，1966 年出版。威廉斯自述，《现代悲剧》中《悲剧与革命》一章"写得很晚"。参见〔英〕雷蒙德·威廉斯：《政治与文学》，樊柯、王卫芬译，河南大学出版社 2010 年版，第 204 页。

② 又译作"情感结构""感受结构"等。

念进行简要的介绍和辨析,是本节需要进行的工作。

威廉斯独创的"感觉结构"较为复杂含混,而且在他不同时期的著作中所侧重的方面也不尽相同。第一次使用这个词语是在 1954 年他和迈克尔·奥罗姆(Michael Orrom)共同合作的《电影序言》(*Preface to the Film*)中,意指作为整体深深根植于生活中的真实鲜活的共同的时代经验。它不能被抽象和总结,也许只有在艺术里,才能被具体表现、支配、感知和交流。① 四年后,他在《文化与社会》中,用它来分析 19 世纪工业小说:"认识到邪恶,却又害怕介入。同情未能转化为行动,而是退避三舍。"②在《漫长的革命》中,他有了对这个与观念(idea)或一般生活(general life)相较,似乎更加准确的词语的进一步论述。在某种意义上,威廉斯把它鉴定为"一个时代的文化:它是一般组织中所有因素带来的特殊的、活的结果"③。这一文化不同于埃里希·弗洛姆(Erich Fromm)的"社会性格"(social character)或鲁思·本尼迪克特(Ruth Benedict)的"文化模式"(pattern of culture),呈现一种"特殊的生活感觉,一种无须表达的特殊的共同经验"④,使得"各种特殊的活动才能和一种思考和生活的方式结成一体"⑤。同时,感觉结构是广泛而深入的,它既能够让处于文化共同体中的人们彼此交流、传播、共享和传承,也能在"最细微也最难触摸到的部分发挥作用"⑥。它虽然如"结构"(structure)一词所暗示的那般稳固明确,但"似乎不是通过(任何正规意义上的)学习来获得的"⑦。新一代人的感觉结构是他们自己对所生活的世界做出创造性反应的结果:它既有可能继承前一代人的感觉结构,也有可能对其加以反叛。无论他们做何种并非刻意的选择,都取决于他们自身对生活的经验和感受。既然经验和感受是繁复多样的,那么感觉结构也并非铁板一块,凝固不变。威廉斯认为,它"在占支配性地位的生产性群体那里表现得最为突出"⑧。此时,威廉斯的感觉结构观念不但没有忽视它与同时

---

① 见 Raymond Williams: *Film and the Dramatic Tradition*. In John Higgins, ed. *The Raymond Williams Reader*. Blackwell Publishers, 2001:40.

② [英]雷蒙德·威廉斯:《文化与社会》,吴松江、张文定译,北京大学出版社 1991 年版,第 153 页。

③ [英]雷蒙德·威廉斯:《漫长的革命》,倪伟译,上海人民出版社 2013 年版,第 57 页。

④ 同上,第 56 页。

⑤ 同上,第 56 页。

⑥ 同上,第 57 页。

⑦ 同上,第 57 页。

⑧ [英]雷蒙德·威廉斯:《漫长的革命》,倪伟译,上海人民出版社 2013 年版,第 74 页。

代文学之间的连接,而且还将它从艺术作品领域拓展到文化分析中。这就打破了早年只用艺术作品来呈现感觉结构的限制,真正地将人活生生的、赖以存在的体验和经历与他所经历的整个社会生活连接起来,来探求两者的对应关系。在《马克思主义与文学》中,威廉斯进一步将这个概念理论化。威廉斯说,为了超越"正规的把握方式和体系性的信仰"①,为了表明人们亲身参与并感受了能动而活跃的意义和价值,他使用富有主动意味的"感觉"(feeling)一词以示与"世界观"(world-view)、"意识形态"(ideology)等正统的静止概念的区别。而使用"结构"(structure)一词,是为了说明"有着种种特定的内部关系——既相互联结又彼此紧张的关系的'结构'"②。威廉斯为"感觉结构"赋予了三重含义:其一是"作为感受的思想观念和作为思想观念的感受"③;它是一种"正相互关联着的连续性之中的实践意识"④。它既是社会的,也是个人的;它是人们对他所真实经历的、活跃在场的、相互联系的社会生活的反应。因而,不同的人在面对相同或相似的社会境况时,由于个人的信仰、习俗和经历的差异,他们的情感结构也可能不尽相同。其二是出于过程当中,"溶解流动"⑤的、直接在场的社会经验。其三是站在方法论的角度上,威廉斯指出它是一种常常回到实际例证的、可以提供理解可能的文化假设(cultural hypothesis)。这一点尤其契合文学艺术。因为文学艺术能较为真实地呈现社会情境及人类在场的经验——即有表征感觉结构的功能。人们可以通过具体的艺术作品来了解、明晰它。

无论在哪一个时期,威廉斯对"感觉结构"的描述中格外强调的便是"经验"一词,它也使感觉结构有了真正保证。这一方面是对利维斯的继承。⑥ 感觉结构所意指的经验是动态的、连续的和不断变化的;它是人们对在场现实和真实关系的直接而活跃的微妙感受,是对社会秩序的真实回应,也是如文

---

① [英]雷蒙德·威廉斯:《马克思主义与文学》,王尔勃、周莉译,河南大学出版社 2008 年版,第 141 页。

② 同上。

③ 同上。

④ 同上。

⑤ 同上,第 143 页。

⑥ 威廉斯在《政治与文学》中直言:"'经验'这个词是我取自《细察》的。……利维斯的力量在于重现并解释'一部作品中的生动内容'。"参见[英]雷蒙德·威廉斯:《政治与文学》,樊柯、王卫芬译,河南大学出版社 2010 年版,第 154 页。

学作品之类的外在构形所寻觅的深层结构和解释依据。

　　威廉斯是从感觉结构出发,来分析现代悲剧及现代革命悲剧理论。用这一图式分析的好处在于,他承认人们对悲剧的真切感受和人们处在混杂的流动状态和不断变化的过程之中的经验。这意味着,人们对悲剧及革命悲剧的体验可以诉诸自身,而非依靠既有的权威解释或特权阶层的力量,由此打破了高雅文化与大众文化之间的层层壁垒。现代悲剧及现代革命悲剧理论的存在并非是为某一阶级的代言,而是处于这一时期人们共同经验及反应凝聚而成的成果。这一反精英的姿态无形中驳斥了利维斯精英主义的观念,继承了马克思主义批评中的社会历史之维度。

　　此外,由于感觉结构始终处于社会发展过程之中,所以即便它如结构般能获得暂时的稳定性,但也绝非一成不变,而是变动不居的。它随着社会情境的变化而发生相应的变化。在《马克思主义与文学》中,威廉斯认为,感觉结构有"新兴性、联接性和主导性"[①]等特征,尤其与新兴的阶级有紧密联系。"在很多时候,一种新的感觉结构的兴起总是同一个阶级的崛起相关……在另一些时候,这种兴起又常常同某一阶级内部出现了矛盾、分裂或突变相关。"[②]虽然这本书于 1977 年出版,比威廉斯革命悲剧理论的提出晚了十多年,但它在修正感觉结构的同时,还给我们一个非常有益的启示。因为在这里,威廉斯提示我们:感觉结构与革命有着天然的亲密关系——如果人们能够探索到悲剧的感觉结构,那么就有可能找到其背后的作为革命力量的新兴阶级,找到革命与悲剧之间的关联,进而再判断革命自身是否也是一场悲剧。那么在了解何为感觉结构后,接下来我们就转入对威廉斯悲剧观念的探讨。

二、悲剧的界定及其三个范畴

　　乔治·斯坦纳在《悲剧之死》中,认为戏剧的过度商业化、理性和世俗精神占主导地位,中产阶级的涌现、小说的兴起与散文的扩张等因素导致了现代悲剧的终结;而现代作家对神话建构的无能为力、基督教的救赎观念和马克思主义的反悲剧色彩则妨碍了悲剧复兴的可能。斯坦纳的这些洞

---

　　① ［英］雷蒙德·威廉斯:《马克思主义与文学》,王尔勃、周莉译,河南大学出版社 2008 年版,第 142 页。

　　② 同上,第 144 页。

见无疑是成就非凡的。不过,这显然与人们在社会中所感受到的日常经验相违背。在剥夺与驱逐的现代时期,在混乱无序的社会中,处处充满震耳欲聋的喧嚣。如前所述,人们承受了太多苦痛与灾难。绝望、压抑、悲伤的情绪,人性的扭曲、人格的分裂、人与人之间关系的瓦解,还有充满危险、恐怖与灾难的战争与暴力的革命……如此种种,不但是残酷的社会事实,还是人们真实的生活现状。正是这些多数人都视为悲剧的现代经验及共享的感觉结构,决定了雷蒙德·威廉斯对悲剧的界定:"确切地说,悲剧是一种特殊的事件,一种具有真正悲剧性并体现于漫长悲剧传统之中的特殊反应。"①这就意味着,悲剧既指向含有悲剧意味的事件和状况,也指人们对它的体验、感受和通过行动、手势、言语等方式来对其加以回应和解释。从悲剧经验及感觉结构出发,威廉斯是在以下三个范畴中使用"悲剧"一词的。

其一,艺术范畴。在以悲剧经验为研究起点的威廉斯看来,这一范围内的悲剧,主要是指用语言文字等符号,以可沟通的特定形式,来记录和表征死亡、苦难、分裂等一系列悲剧经验的可供交流的作品。易言之,在艺术的维度中,"悲剧"是艺术家对他所接触或认知的悲剧事件的艺术化回应。只要是呈现了人类悲剧经验的写作,无论它是何种体裁,都可以看成悲剧。因此,它包括人们通常首先想到的一种特殊的戏剧体裁。这一体裁有从古希腊时期到中世纪再到封建时期和后封建时期的悠久传统,比如人们熟悉的《俄狄浦斯王》(*The Oedipus Tyrannus*)、《哈姆雷特》(*Hamlet*)就隶属于这一传统。它既指创造出来的戏剧文献,也指借助演员传播、被观众实实在在感受到的社会性活动。另外,它还包括了一些有力地传达出现代悲剧经验,但这一悲剧惯例却无法将其排除的文学作品。比如在某些悲剧经验的叙述上,与戏剧形式相比,略胜一筹的小说。所以在威廉斯对悲剧的分析中,不仅有"不尽如人意但还算合理"②的分类原则之下的传统悲剧,也涵盖了 D. H. 劳伦斯(David Herbert Lawrence)、列夫·尼古拉耶维奇·托尔斯泰(Лев Николаевич Толстой,英文 Leo Nikolayevich Tolstoy)、鲍利斯·列奥尼多维奇·帕斯捷尔纳克(Борис Леонидович Пастернак,英文 Boris Leonidovich Pasternak)、阿尔贝·加缪(Albert Camus)等人的叙事小说。此外,还有用来表达新经验的 T. S. 艾略特(Thomas Stearns Eliot)的诗剧(verse—drama)。威廉斯在艺术层面上对"悲剧"一词的使用,使艺术回到

---

① [英]雷蒙·威廉斯:《现代悲剧》,丁尔苏译,译林出版社 2007 年版,第 4 页。
② [英]雷蒙德·威廉斯:《政治与文学》,樊柯、王卫芬译,河南大学出版社 2010 年版,第 205 页。

了它所诞生的真实的悲剧历史和情境中,以悲剧经验来决定艺术家的写作,作为艺术形式的悲剧事实上是这一经验的结果。这样就容纳了悲剧的形式变化,从而间接打破了传统体裁的分类界线,把作为艺术形式的悲剧与活跃在场的悲剧经验联系起来。

其二,日常范畴。既然悲剧经验是威廉斯的立足点,那么他必然不可能忽略日常生活中给人带来悲剧性体验的事件。自 19 世纪以来,用"tragic(悲剧的、悲惨的)"一词来"描述一个像悲剧里发生的灾难事件"[1]的做法已经变得相当普遍。威廉斯更进一步地,把这些事件直接看成"悲剧"(tragedy)的一种。因为死亡、苦难和混乱等状况既能为人们所感知,人们也能据此做出回应和解释。因而人们从中获得的经验既是一种完整活跃的意识,也是一个思考、反省的分析过程。[2] 既然悲剧经验在"连续的意义形式里得到了解释,又在思想意识层面被捕捉到了,那么在此程度上,把悲剧作为一种一般性的范畴谈论是行得通的"[3]。由于日常意义的事件和艺术领域的悲剧一样,都能引起人们的反应,所以悲剧不单为艺术专享,而且深入到社会生活之中。饥饿、战争、矿难、车祸等日常生活中蕴含悲剧因素的事件也是悲剧。

不过,在日常层面上使用"悲剧"一词面临质疑和挑战:有人觉得,诸如一场矿难、一个家庭的毁灭等只不过是偶然事件(accidents)。它们不具备与其他普遍事实相联系的能力,所以也没有普遍和重要的悲剧意义,哪怕它们给人带来许多痛苦和磨难。威廉斯分析解释了这一观念。他认为,那些把有意义的苦难(significant suffering),即悲剧从"纯粹的苦难"(mere suffering)中分离出来的做法源自人们的深层结构。过去,人们看重悲剧里人物角色的身份地位,因为他们的遭遇在社会的习俗机构中具有代表性和公共性;而偶然事件不具备这些性质,被视为"命中安排,或这种安排之外受到特殊限定的事件"[4]。不过,伴随着世俗化的进程,在资产阶级的现代社会中,人成为独立的个体。如是,原本凭借一般性和公共特征原则而界定的"悲剧"丧失了与偶然事件相区别的实际秩序和分类依据。悲剧主角

---

① [英]雷蒙·威廉斯:《关键词:文化与社会的词汇》,刘建基译,生活·读书·新知三联书店 2005 年版,第 137 页。

② 同上,第 167—171 页。

③ [英]雷蒙德·威廉斯:《政治与文学》,樊柯、王卫芬译,河南大学出版社 2010 年版,第 205 页。

④ [英]雷蒙·威廉斯:《现代悲剧》,丁尔苏译,译林出版社 2007 年版,第 43 页。

从王公贵族下移至普通人，偶然事件也"受到强调和不断扩展，直至涵盖几乎所有的现实苦难，尤其是现实的社会秩序所带来的后果"①。偶然事件也借此承载了普遍意义。在这一状况下，依旧有人把悲剧的意义推回了先前的惯例，认为悲剧只能发生在身份地位高贵的人身上。威廉斯意识到，这一固守悲剧传统意识形态的做法，并不承认偶然事件是蕴含痛苦和遗憾的悲剧，会造成"将伦理制约以及更为重要的人的作用与我们对社会和政治生活的理解分离开来"②的严重后果。为了探讨、解决，而不是冷眼旁观出现在世界里活生生的悲剧，威廉斯断然拒绝把偶然事件排除在外的悲剧规则和已被异化的秩序。在他看来，"偶然事件"就是悲剧的一种。处于社会中的任何一个人，但凡遇到了"偶然事件"，就有声称自己处于悲剧之中的权利。因此，悲剧渗透到日常生活中，具有普遍性。平民百姓与权贵人物一样，都能共享这些悲剧经验。在无形之中，威廉斯解构了精英主义的悲剧观念，拓展了悲剧的丰富内涵。

其三，美学范畴。在这方面，它指的是人们从日常悲剧事件、悲剧艺术等悲剧性体验和感受中所提炼、归纳并总结出来的关于悲剧的看法、观念和解释。它"是一种理论，是一个学术上的知识系统"③，也是一种反应和有意义的实践。从漫长传统中显示出来的各种复杂多样、富有争议冲突的悲剧理论，再到威廉斯研究的现代革命悲剧观念，都属于这一维度。

现在，我们容易理解在《现代悲剧》的开篇威廉斯说的话了："我们通过多条路径接触悲剧。它是一种直接经验、一组文学作品、一次理论冲突、一个学术问题。"④威廉斯眼中的悲剧，蕴含了艺术范畴、日常范畴和美学范畴。这三者之间并非格格不入，而是在具体运作中相互交融、协调。艺术范畴的悲剧既是美学范畴悲剧的具体例证，也可作为后者的理论实践和推演来源。日常意义的悲剧能为美学和艺术层面上的悲剧提供素材，后两者在一定程度上也可以表现、反映前者。美学层面来源于日常意义和美学意义的悲剧，并能指导艺术意义上悲剧的创作。悲剧经验是它们共同的关键起点。然而，三者在发生时间上并不是相互对应的，如前所述关于偶然事件的争论就是一个例子。

---

① ［英］雷蒙·威廉斯：《现代悲剧》，丁尔苏译，译林出版社 2007 年版，第 43 页。
② 同上，第 41 页。
③ 冯宪光主编：《新编马克思主义文论》，人民大学出版社 2011 年版，第 190 页。
④ ［英］雷蒙·威廉斯：《现代悲剧》，丁尔苏译，译林出版社 2007 年版，第 3 页。

如此看来,斯坦纳在文学或美学意义上探讨"悲剧"的范畴,从而得出"悲剧已死"的结论。威廉斯虽然高度认可斯坦纳的成就,在《卫报》曾评价斯坦纳《悲剧之死》是"极其有用的,而且是被在这个领域工作的人谨慎处理和小心对待的"[①];但从生存经验及感觉结构出发,威廉斯不仅将"悲剧"从艺术的单一维度中解放出来,而且拓展到日常生活的层面之上。所谓悲剧之死,只不过是"悲剧"作为一种经典艺术形式的终结,而新的、能够容纳人们悲剧经验的文学艺术形式及日常悲剧非但没有衰败,反而正蓬勃兴起。悲剧概念的扩展,不仅意味着威廉斯深入社会历史从而完成了对斯坦纳不动声色的反驳,更是提示人们应注意到存在于生活之中的悲剧性经验及其感觉结构。如后文将要论述的,威廉斯正是据此出发,找到了革命与悲剧的结合点,继而论证了革命的悲剧性及其表现形式。

悲剧是否已经死亡?从前文可知,威廉斯的答案是否定的。在明白威廉斯对悲剧的界定以及在何种意义上使用"悲剧"之后,我们就可以探讨他的现代悲剧观念及现代悲剧革命观念了。

三、雷蒙德·威廉斯的现代悲剧观念

雷蒙德·威廉斯并非把现代悲剧观念看成一个抽象而空洞的概念来加以剖析,而是把它放到产生的历史语境中,通过挖掘感觉结构来考察这些与悲剧相关的思想和作品。在明确了威廉斯对悲剧的界定及其范畴和感觉结构后,这一节我们转入对威廉斯现代悲剧观念的探讨。

(一)现代悲剧观念的理论来源

为了摆脱"'传统观念中所谓的悲剧本身'与我们当代悲剧性经验的形式和压力之间的对立"[②]的困境,威廉斯对从古代到现代的悲剧传统进行了知识上的梳理。他阐述了现代悲剧观念的两个主要来源:一个是格奥尔格·威廉·弗里德里希·黑格尔和他的继承者们,另一个是亚瑟·叔本华和尼采。

黑格尔以辩证法为基础,把悲剧视为由两个矛盾的伦理力量之间的对立、冲突及和解的行动。这些伦理力量是合理的和普遍的,但同时又是片面的和有局限的。它们勇于维护各自的伦理理想,但又不可避免地产生冲

[①] George Steiner: *The Death of Tragedy.* Yale University Press, 1996: Cover.

[②] [英]雷蒙·威廉斯:《现代悲剧》,丁尔苏译,译林出版社 2007 年版,第 7 页。

突,最终以悲剧性的方式达成妥协与和解。伦理实体也在分裂之后,从更高的程度上恢复统一:永恒正义胜利了。威廉斯认为,尽管黑格尔这一精神运动的理论不能当成历史批评(historical criticism),但他强调"对必然冲突和悲剧问题之解决"①,把悲剧视为反应和行动的做法在不同方面影响深远。在对黑格尔的批判性继承中,马克思将这一精神运动改造为"关于社会发展的论述"②。当社会发展过程中的种种矛盾与不平衡积累到一定界限,当人们决计为他所代表的一方战斗到底的时候,悲剧也就诞生了。接着,这一客观的悲剧行动的观点被马克思的继承者们发扬光大:"受到肯定的不是黑格尔意义上的永恒正义,而是由一系列重大社会变迁构成的一般历史运动。"③总而言之,依据威廉斯的说法,黑格尔这一脉始终关注"如何通过混乱达到秩序,并把悲剧解决与悲剧苦难看得同等重要,进而寻求积极且确定的具体意义"④。

　　另一方面,尼采和叔本华在悲剧世俗化进程中贡献了力量。与黑格尔和他的继承者们相反,叔本华不仅不把悲剧行动和苦难看成伦理或社会历史的运动,而是将其看成诞生于人的行为和性格之中、无法回避的常态。悲剧的意义在于使人们意识到悲剧根植于人性之中,应放弃无谓的挣扎并屈服于这一状况。悲剧主人公"不仅向生活让步,而且放弃生存的愿望"⑤,使"原有的生存意志必须完全熄灭"⑥,以此获得净化和救赎。受进化论思想影响的尼采继承了叔本华"生命本身即是悲剧"的观念,不过他对悲剧的定义有所改变,并且其在结构上与黑格尔的说法相似。在威廉斯看来,尼采意指的悲剧是充满能量的,它涉及更高层次上的和谐、统一、完善和欢乐。人们对悲剧所做出的必要反应是积极的:"是一种从人类不可避免的苦难中获取的悲剧性快感。悲剧行动展现苦难是为了超越苦难。"⑦此外,尼采把神话视为悲剧的来源,视仪式为交流行动之描述的做法对现代悲剧理论亦有意义。

---

① 　[英]雷蒙·威廉斯:《现代悲剧》,丁尔苏译,译林出版社2007年版,第25页。
② 　同上,第25页。
③ 　同上,第26页。
④ 　同上,第28页。
⑤ 　同上,第29页。
⑥ 　同上,第29页。
⑦ 　同上,第29页。

(二)现代悲剧观念的主要内容

在先前的历史分析的基础上,威廉斯进一步研究现代悲剧观念。他明确地写道,非常重要的一点在于:"必须研究现代悲剧中起着主导作用的情感结构、该结构内部的各种变化以及它们与真实戏剧结构之间的联系。"①围绕感觉结构,威廉斯审视了现代悲剧理论的几个关键问题;同时在对它们的批判性考察中,建构了自己的现代悲剧观念。除了上文已讨论过的偶然事件外,在威廉斯看来,这些问题还涉及秩序(order)、主人公的毁灭(the destruction of the hero)、无可挽回的行动(the irreparable action)和对邪恶的强调(the emphasis of evil)。

秩序与悲剧的关系。面对秩序指引悲剧行动、并在悲剧中占有先行位置的观念,威廉斯指出,人们必须从悲剧行动中探索秩序与悲剧的关系。实际上,秩序并非是悲剧行动的前提或起因,而是它的结果。"与其说秩序在此得到展示,不如说它被再创造出来。"②既然秩序是在过程中被创造的,而不是现实存在的,也就说明它与秩序产生之前的混乱、变动的无序(disorder)状态直接相关。威廉斯认为,一个悲剧行动涵盖无序与有序,它们各自属于不断变化的对生活的理解之一。现代悲剧及现代悲剧观念的实质就是对无序状态的体验和解决:"那些被我们称为悲剧的作品的唯一共同点,就是以戏剧形式来表现具体而又令人悲伤的无序状况及其解决。"③同样,悲剧行动的特殊意义也体现其中。灾难、痛苦、忧伤等可以被视为引起悲剧性体验的无序状况;人们对它做出反应和行动时,往往蕴含着试图去改变这些无法容忍之状况的可能。但是,无论是无序还是有序,都不能被当作是稳定的,它们只属于特定悲剧行动中的相对过程。无序状态在悲剧行动中走向有序,但这一"有序状态"也可能只是对经验压力暂时的解决方案,在更广的视域中它也许是另一种无序的表现。不过从另一角度看,它也终归是处理无序状态的一种路径,或许它不能给人们以实际力量,但至少可以给他们以安慰和希望。总而言之,这一概念的强调有助于无序状态的解决,而革命占据了这一行动呈现的很大的比重。在此,威廉斯的现代悲剧理论已经蕴含了变革的深意,在某种程度上与其现代革命悲

---

① 　[英]雷蒙·威廉斯:《现代悲剧》,丁尔苏译,译林出版社 2007 年版,第 38 页。
② 　同上,第 44 页。
③ 　同上,第 44—45 页。

剧观念合流。这一对无序状况的经验、认识和解决的观念自然在威廉斯现代悲剧观念和现代革命悲剧观念中占据极其重要的地位。此外,正如我们接下来看到的,它不仅是悲剧理论的重要内容,而且站在它之外,也可为其他悲剧理论提供解释和依据。因此,它具有超越性,是一种不折不扣的"元悲剧理论"①。

接着,威廉斯追溯现代悲剧的发生条件。人们时常觉得,只有在普遍稳定的信仰中才能存在悲剧。而威廉斯在深入历史、进行辨析后,对此表示反对。他认为,重要的悲剧并非来自信仰稳定的时期,也并非产生于信仰冲突或公开决裂的时期。"最常见的悲剧历史背景是某个重要文化全面崩溃和转型之前的那个时期。"②在这一时期里,有着新旧事物之间的矛盾冲突,自然蕴含着悲剧诞生的土壤。另外,我们也能从逻辑上大致推导出悲剧诞生的历史时期。因为既然悲剧这一情感结构包含了无序及无序状态的解决,那么悲剧也应该诞生于经验和信仰之间充满紧张关系的极具张力的时期。

主人公的毁灭。主人公遭遇毁灭的行动,是最一般情况下人们对悲剧的解释。不过这在威廉斯眼中是一种片面的解释。一方面,以主人公毁灭为结局的悲剧并不多,其大部分还是来源于现代悲剧;另一方面,即便几乎所有的悲剧主人公被毁灭了,"但这通常不是行动的终结。在死亡之后通常伴随着某些物质或精神力量的重新分配。"③在经历苦难和死亡后,生命的意义得以重申和修复。威廉斯指出,比起关注主人公的毁灭,人们更应该关注悲剧行动本身。"我们以为悲剧就是发生在主人公身上的事,但常见的悲剧行动却讲述通过主人公而发生的事情。"④那种只看重主人公的毁

---

① 根据赵毅衡的论述,元一(meta-),原来是希腊语"之后"的意思。现代科学用 meta- 这一前缀,指的并非是"之后""之上",而是比原层次更深一层。故对任何一门科学理论背后的构成原理进行探讨的学科,称为"元理论"(metatheory)。威廉斯这一对"无序状况的经验、认识和解决",是对现代悲剧及其情感结构的认识,也是他现代悲剧理论的内容之一。同时,它也可以看作是对现代悲剧理论的认识,是关于悲剧观念的解释(接下来我们能很明显地看到这一观念在他理论中的总领和支配作用,威廉斯涉及的每一个悲剧观念的背后,都能找到它的影子;故既能把它看作是悲剧理论的一部分,也超越了悲剧理论),是关于悲剧的解释的解释。它既与悲剧理论的其他内容属于同一层次,同时也能在这一层次外解释其他理论内容。所以可以把它看成是"元悲剧理论"。参见赵毅衡:《文学符号学》,中国文联出版公司 1990 年版,第 36—38 页。

② [英]雷蒙·威廉斯:《现代悲剧》,丁尔苏译,译林出版社 2007 年版,第 45 页。

③ 同上,第 46 页。

④ 同上。

灭从而无视整个悲剧行动的做法,无疑是以偏概全,人们的经验也会受到极大限制。而且,悲剧结束后展现的新的平衡与延续至少与主人公的毁灭同样重要。所以威廉斯指出,人们要超越仅仅关注主人公毁灭的视角,把目光转移到借助主人公的毁灭来表征意义的整个行动上,通过无可挽回的行动来探索悲剧世界的内涵。

无可挽回的行动。这一行动围绕死亡及对死亡的反应展开。众所周知,死亡是任何人都无法逃脱的自然规律,它也是一种沉重、极度痛苦、不可逆的无情事实。也正因如此,在悲剧中人们时常借助死亡解释其他意义,比如用它解释被视为最有价值的生命。这些意义因与死亡相关,沾染了强烈的感情色彩和普遍意义。其他经验在其中也有被同化、忽视的危险。在威廉斯看来,现代悲剧中这一感觉结构要传达的是自由主义悲剧:“人的孤独、人与人之间关系的丧失,以及随之而来的人类命运的盲目性。”①但是,这并不是放之四海而皆准的真理。威廉斯提示我们:把死亡赋予意义以反思人生的做法,实际上是一种暂时可变的文化选择。因此,正如人们对死亡的反应是可变的一样,尽管悲剧与这一无可挽回的行动的联系虽然紧密,但也绝非是一成不变的。无法挽回的行动在悲剧中更不是唯一的、不可或缺的构成要素。

对邪恶的强调。一种反对人道主义幻想的理论把悲剧看成对作为无法逃避和挽救的邪恶的事实的展示。威廉斯认为,这并非是真正的悲剧经验,而是对悲剧行动的缩减及简单化。当前对邪恶的强调也不同于基督教把邪恶、善良普遍化的做法。“从文化上,邪恶被用来描述形形色色腐蚀或毁灭真实生命的无序状况。”②邪恶不是抽象而超验的,报复、骄傲、嫉妒、野心、欲望、背叛……如此种种,都是邪恶的表现形式。悲剧用多种不同的形式呈现邪恶,不仅仅是为了认识邪恶,而是用邪恶来展现一个“与别的品质或其他人之间变动关系”③的真实行动。这一悲剧行动借邪恶指向改造、冲突、斗争、超越等持续不断的变化过程。如臭名昭著的纳粹集中营,有人建造、维护它,也有人绞尽脑汁试图粉碎它。“世界上只要存在这种或那种人为的邪恶,就有一批人在努力去中终止它。”④人们不能单独抽离邪恶来认

---

① ［英］雷蒙·威廉斯:《现代悲剧》,丁尔苏译,译林出版社 2007 年版,第 49—50 页。
② 同上,第 51 页。
③ 同上,第 51 页。
④ 同上,第 50 页。

识悲剧,而是要领会通过邪恶所传授的、关于整个行动的知识,看到这些邪恶及苦难从某种程度上,也是充满力量、至关重要的希望的源泉。

以上就是威廉斯的现代悲剧观念。这里我们还需就两个问题进行简要的说明。威廉斯的现代悲剧观念,不仅有其所处的特殊历史背景,而且也有对传统悲剧理论体系的借鉴与继承。如威廉斯自言,现代悲剧的理论来源有二:其一是叔本华和尼采的思想。毫无疑问,威廉斯的现代悲剧观念也在不同程度上受到他们的影响。就尼采和叔本华这一脉而言,威廉斯从中获取的是以一种积极的反应面对悲剧。悲剧之所以呈现人类自身无法避免的苦难,是为了使人超越苦难,获得更高层次的快乐。而威廉斯在现代悲剧观念中所反复强调的正是对无序状态的呈现及其解决,这种强调超越性的做法与尼采一派的学说十分相似。其二是黑格尔及黑格尔派的影响。黑格尔的理论把冲突双方看作不可调和的伦理力量的代表,在悲剧冲突中,其自身的片面性达成和解,实现永恒正义的胜利。马克思从社会历史的角度出发,对黑格尔的悲剧观念进行吸收与改造。黑格尔对伦理力量的强调,在马克思那里转换成了社会生活中不同矛盾及力量的冲突。威廉斯的现代悲剧理论中对混乱、无序的强调,在某种程度上可以看成黑格尔矛盾冲突学说的变体。不过威廉斯曾明确指出,黑格尔悲剧观念的局限——它的永恒正义的精神观念因其形而上性质,落实在社会历史中难以具备可操作性。而威廉斯的现代悲剧理论并非强调抽象超验的精神实体,而是关注无序、混乱状态等现实生活中的矛盾冲突,这显然直接或间接地受马克思而非黑格尔的影响。而他基于其生活经验及感觉结构之上考察现代悲剧,也应或多或少地归功于马克思社会历史的分析方法对他的影响。

威廉斯的现代悲剧理论从感觉结构出发,始终蕴含着革命的因素。这不仅指涉威廉斯对传统悲剧理论的改造与转换显出其革命精神,更是从他现代悲剧理论的内容来考虑的。在讨论现代悲剧与秩序之关系时,威廉斯曾多次反复说明,悲剧的目的不仅是呈现各种无序状态以及人们对它的体验,也应表现这一无序状态的解决,即无序走向有序的过程。使混乱的无序状态变得有秩序的常见手段,便是革命。在讨论现代悲剧的发生条件时,威廉斯指出,悲剧时常发生在新旧事物彼此矛盾冲突的文化崩溃或转型期。毫无疑问,这也是革命发生的时期。在论述"主人公的毁灭"以及"对邪恶的强调"时,威廉斯指出,人们对毁灭、邪恶的认识不可局限在狭隘的视域中,而是要将其放在整个悲剧行动中来认识:不仅体验到其中的苦难,同时也要关注这些行动的效果,看到行动之后所产生的新的平衡与希望。而这与真实的革命过程及其效果十分相似。如此种种,我们在威廉斯的现代悲剧理论中找到了与革命的连接,这也从旁证明了威廉斯的现代悲剧理论是其现代革命悲剧观念的立论基础。

　　总而言之,威廉斯从悲剧经验出发,坚持认为悲剧不仅没有衰亡,而且正在我们的时代里上演。所谓"悲剧",既可以是文学艺术意义上的,又可以是日常意义上的。他卓有见地的分析深思熟虑地摧毁了艺术与日常悲剧的隔阂。他强调悲剧中无序状态及其解决,并对其他感觉结构一一剖析,批判性地建立了自己的现代悲剧理论。这些不仅基于传统,而且还根植于威廉斯所生活的年代里、活生生的悲剧性体验之中。所有这一切,都指向它最主要的名字——革命(revolution)。如是,我们接下来要讨论的关键词也呼之欲出了。

第五节　革命与悲剧:雷蒙德·威廉斯的现代革命悲剧观念及其革命实践

　　在前面的论述中,我们已反复论及"革命"一词。在上一章,我们更指出威廉斯的现代悲剧观念里包含革命的成分。那么,究竟什么是革命呢?早在 20 世纪 50 年代末,雷蒙德·威廉斯就意识到:如果人们想要精确地理解词语,那么只了解它的通用意思是远远不够的——他们必须探索它在不同历史语境中的意义及演变过程。① 在《关键词:文化与社会的词汇》中,他运用实例研究了英语里"革命(revolution)"的历史演变及内涵。"革命"一词于 14 世纪进入英语世界,最早可追溯的拉丁文词源是 revolvere(旋转、循环)。它的早期有"时间或空间上的旋转循环运动"②,转动、旋转、改变等意味,在 17 世纪有了造反、叛乱、颠覆等破坏秩序的正面性的政治含义。

---

　　① 这是威廉斯在评议他《文化与社会》的革新之处时所说的话,他后来在《关键词:文化与社会的词汇》里把这一思路构造成一种一般性的理论。参见[英]雷蒙德·威廉斯:《政治与文学》,樊柯、王卫芬译,河南大学出版社 2010 年版,第 92 页。

　　② [英]雷蒙·威廉斯:《关键词:文化与社会的词汇》,刘建基译,生活·读书·新知三联书店 2005 年版,第 411 页。

法国大革命(French revolution)的发生使革命有了沿用至今的现代用法：它指向"建立新秩序""必要的革新""颠覆旧秩序"等根本重要变革的政治内涵。

同时，也是从法国大革命开始，悲剧便与历史相连。它可以看成是"对一个正在自觉经历变动的文化所做出的不同反应"①。威廉斯进一步认为，革命是"深层的悲剧性无序状况必不可少的运动"②。而现代悲剧又如上所述，威廉斯把它看作对无序状况的体验、认识及解决。在深入考察一系列社会生活中复杂多变的"经验、习俗和制度"③之后，人们发现，在现代悲剧与革命之间似乎有意味深长的隐秘关联和交叉之处。我们也曾论证过，威廉斯的现代悲剧理论具有革命的成分。然而在这个时代，悲剧与革命之间尖锐对立的状况也决不能被忽视："一般的悲剧观念特别排斥社会性的悲剧经验，而一般的革命观念也特别排斥悲剧性的社会经验。"④这促使威廉斯不得不再次考察革命与现代悲剧之间的关系。我们也不得不继续追问：现代悲剧与革命之间真的有交集吗？威廉斯眼里的革命究竟意指什么？如果现代悲剧与革命之间存在结合点，那么威廉斯又是在何种意义上把两者凝聚在一起的呢？

一、革命与悲剧：从自由主义到社会主义

为了弄清当下悲剧观念与革命观念相互对抗的原因和探索现代悲剧与革命的契合点，雷蒙德·威廉斯对不同时期的革命及其对应的悲剧加以考察，并在述评中表达了自己的现代革命悲剧观念。其中，他着重辨析了自由主义(liberalism)和社会主义(socialism)视域下的革命与悲剧。它们在现代社会中颇具影响力。依据时间先后顺序和威廉斯的治学路径，我们把与他现代革命悲剧观念紧密相关的自由主义视域下的悲剧与革命作为讨论的起点。

（一）自由主义视域下的革命与悲剧

首先，围绕着自然主义(naturalism)和浪漫主义(romanticism)，威廉斯

---

① ［英］雷蒙·威廉斯：《现代悲剧》，丁尔苏译，译林出版社 2007 年版，第 55 页。
② 同上，第 66 页。
③ 同上，第 37 页。
④ 同上，第 56 页。

追溯了自由主义革命及悲剧的兴起与衰落。

自然主义。同启蒙运动(enlightenment)一样,自然主义抛弃了命运和神灵意志的传统,用理性探询的规律和解释来反对并取代超自然的力量和人类行动形而上学的说明,充满了理性自信和对自然掌控的信念。但在具体实践中,威廉斯暗示其终究是启蒙运动的杂种(bastard)。因为自然主义虽然强调对社会的仔细观察,不过在实际操作中,它如此构架的理性根源与这一形式本身分道扬镳了。所以,自然主义悲剧一方面如照片般精准地复制日常生活的真实场景,另一方面它反被其所描绘的自然和社会环境深深影响。也就是说,这些环境本身成为限制人类活动和真相的强有力因素,人在世界里变得微不足道,不仅永远无法改变它,而且除了消极地屈服、忍受、任其摆布之外,别无他法。如此,"人类希望描述并改变自身处境的冲动已经收缩为对没有上帝或人的介入之境况的简单描述。"①自然主义在转了一圈之后,变成了之前它所反对的诡异翻版。这一机械而僵化的理念同样反映在自然主义革命中。尽管有少数人依旧坚持原则,投身革命,但更多的人却妥协逃避,用循序渐进的进化(evolution)方案代替社会革命。这一较容易的选择同样受到限制:人们根据现有或正在发展的形势来缓慢地调整或改良(而不是颠覆、逆转)社会秩序,但也把其视为一台最终并不能为人驾驭的冰冷机器。自然主义的革命观念劝诱人们:与其奋力抗争,倒不如顺应社会的自然变化,因为它终将会自我发展,人为的努力调节是白费气力的愚蠢行为。故而,威廉斯认为,这一冷漠观念阻碍了真实解放行动的革命,自然主义的革命观也因后者的缺席而陷入了困境和僵局。

浪漫主义。浪漫主义看重个人的力量,相信人有排除一切社会阻碍和桎梏的可能性。所以其早期发展颇具解放性,甚至"我们几乎所有的革命词语事实上都来自那些浪漫主义者"②。不过,这一含有革命因素的思想却缺乏相应社会理论的支持;在实际的社会建构中,它对个人的反复强调又与现有社会的批评格格不入,故最终滑向主观主义甚至虚无主义(nihilism)的深渊,导致非理性(irrational)思潮的崛起。因此一方面,浪漫主义的革命观念反对教会和国家机器对人的压制,表达了革命的原始冲动,"启发了

①　[英]雷蒙·威廉斯:《现代悲剧》,丁尔苏译,译林出版社2007年版,第56页。
②　同上,第63页。

正在发展之中的整体社会革命的思想"①；另一方面，它又"最终否定乃至颠覆了自己最深层的冲动"②——极度看重人的主体性导致其社会的敌对、仇视态度，最终封闭了自己："人只有通过否定或逃离社会才能解放自己。"③所谓"革命"，因其与社会决裂，充其量也只能停留在表面意象。这一视角下的悲剧所要传达的也是人凭理性改变社会的徒劳与深深的无力感。

由此威廉斯得出结论，自由主义革命观陷入两难处境：它一部分"陷入了社会进化和稳健改良的困境，它的另一部分则沦为类似虚无主义及其许多派生物对革命的拙劣模仿"④。前者因为把社会视为自给自足的机械过程，在根本上对革命加以排斥和否定；后者则把人类解放当成个人的私事，将革命行动、个人价值和真实社会三者彻底相互分离开来。由此对应两种悲剧形式："一种是古老的悲剧教训：人无法改变自己的环境……另一种是当代人的直觉反应：试图凭借理性掌控社会命运的努力已经失败。"⑤在悲剧中，它们对无序的解决有意识到人的局限以及被动地忍受和等待的成分。更加令人遗憾的是，自由主义视域下的革命观念及悲剧观念把人类行动与社会发展相互隔离，以致无法涵盖和处理现在活生生的革命经历和悲剧体验，并无法建立它们之间的真正关联。尽管它们不乏诸多支持者且有极大感召力，但也正是它们的影响力，造成了当下人们对革命与悲剧观念相互分离的错觉："革命观念声称人能够改变自身的处境，悲剧所展示的却是它的不可能性及其精神后果。"自由主义的革命及悲剧理论不但与社会现状不相协调，而且造成现代革命悲剧及悲剧观念彼此对立；它阻碍了人们理解两者的路径。所以，尽管它们现在不乏诸多支持者且有极大感召力，但威廉斯仍宣告"自由主义的终结"：人们需要从其他角度来理解革命及悲剧现实。

（二）社会主义：威廉斯的现代革命悲剧观

从感觉结构出发，威廉斯倾向于社会主义革命的道路，把革命与悲剧紧紧联系在一起。马克思在《〈政治经济学批判〉序言》中曾经说过，"当社

---

① ［英］雷蒙·威廉斯：《现代悲剧》，丁尔苏译，译林出版社 2007 年版，第 63 页。
② 同上，第 63 页。
③ 同上，第 64 页。
④ 同上，第 64 页。
⑤ 同上，第 66 页。

会生产力发展到一定时期，与从其产生的生产关系发生矛盾，以致后者阻碍了前者的发展时，社会革命也就酝酿而出。"①在如前所述的现代社会里，人们饱受疏离、剥削、扭曲及异化之苦，金钱至上和财富分配不均都加快了世界范围内的不平等状况……在商业不断扩张、社会生产狂飙猛进的年代里，以单调刻板的生产为根本目的的资本主义不仅阻碍了自身的发展，而且也遭遇了前所未有的危机。如是，这些悲剧性的处境和经验产生了急迫改变社会的诉求，社会主义革命也应运而生。威廉斯对社会主义革命加以分析时，引述了马克思和恩格斯的相关著作。在《〈黑格尔法哲学批判〉导言》《德意志意识形态》和《前进报》中，马克思和恩格斯所强调的社会主义革命应消灭阶级统治、解放全人类的思想以及关注人自身的存在和生活状态的主张，得到了威廉斯的深深认同。在威廉斯看来，这种社会主义的革命观念对革命的解释是成立的。威廉斯认为，社会主义革命从真实生活的紧张局面着手，对资本主义经济制度加以分析和批判，旨在转变整个社会秩序并以此消除日益滋生的绝望情绪。它寻求有效的方式和路径，渴望扫除目前一切的不平等、不自由和不民主，以便真正实现为社会中每一个人服务的理念。社会主义革命"超越国家、阶级和宗派利益，主动建立并体现总体的人类利益"②；它为涵盖所有人的新秩序而奋斗，朝向人们能够真正支配和掌握的世界。社会主义的革命观念希望达到这样一个社会：它尊重每一个成员的需要与诉求，它公正地分配财富，并为他们的个性发展提供多维度的选择和公平的机会；同时，人们拥有话语权，能不受约束地自由表达自己的意志和信念；还有，在社会主义社会的经营中，他们相互合作、协商，不但一改之前彼此之间的孤立与隔阂的风气，而且他们的共同努力使社会维持良好的运转和积极的自我更新。

这一社会主义革命观念贯穿威廉斯的一生，人们能在他多本著作中找到不同方面的相关论述。并且正是在这一观念支配下，威廉斯进一步提出了两种社会主义革命形态。其一是公然用武力夺取政权的暴力革命。这是较为人所熟悉的对抗形式，也是威廉斯所坚定支持的动用军事力量的

---

① ［德］马克思：《〈政治经济学批判〉序言》，中共中央马克思、恩格斯、列宁、斯大林著作编译局编译。见［德］马克思、恩格斯：《马克思恩格斯选集：第 2 卷》，中共中央马克思、恩格斯、列宁、斯大林著作编译局编译，人民出版社 1995 年版，第 32 页。

② ［英］雷蒙·威廉斯：《希望的源泉：文化、民主、社会主义》，祁阿红、吴晓妹译，译林出版社 2014 年版，第 330 页。

"短期革命"。朝鲜、越南、古巴、智利、津巴布韦、捷克斯洛伐克……都是这一政治斗争的名称。"当资本主义社会的主要政治机构对于支配性的社会再生产过程丧失其权力的时候,革命就完成了,"①威廉斯如是说。不过,这不意味着此后这些再生产过程不会延续以及人们感觉结构的根本转变,由此引出了他在主要研究工业革命到 20 世纪上半叶的历史及人们的生存经验之后,所提出的有关长期革命(long revolution)的思想。威廉斯认为,无论是工业革命还是无产阶级革命,都远远不可宣告革命已经完成;与之相反,复杂、缓慢累积的革命实践只进行到初始阶段。工业革命的深化及科学技术的发展,改变生产、消费关系和超越市场规律的斗争……经济上的革命正在延续,它迎接挑战,并积极创造新的意义。政治上的民主革命才刚刚起步,人们的民主经验仍非常有限。威廉斯坚持,应该借助议会改革、讨论公开、争取投票权、拓展其他民主机构等措施,让人们真正当家做主,实现社会政治的自我管理。此外,与前两者同样重要的是将各种知识连在一起、更深层次的文化革命。这一与政治和经济上的革命相互促进的文化革命旨在通过发展教育、传播工具、公共服务、文化批评等途径,扫除特权集团及强势联盟,终结资本主义的思想观念和文化形式,从而在社会生活中出现"人能够主导自己的生活"②的新型的共同制度、价值观念、生活方式及感觉结构。只有在社会实践的活动模式和人们的感觉结构通过积极的社会经验全部进行转变后,社会主义革命方能宣告成功。"非常清楚,完成那种转变的社会主义方案必须被呈现为一个多元长期的方案;它不会在任何一个人的一生中完成,甚至也不会在几代人中完成。"③因此,威廉斯意识到,社会主义革命不是一蹴而就的:它是一个需要综合处理好政治、经济、文化、民主、教育等多方面的漫长的持续过程,而且它号召一代又一代的人为之付出汗水与努力。

如此种种,社会主义革命吸引人们充分参与进来,它富有活力和希望,并由此前针对政治的变革转向关乎每一个普通人的存在和发展的革命。只要存在任何一个人或群体没有获得承认或遭受压迫和歧视,社会主义革命的目标就远远没有达成。从人们在现实的生存经验及感觉结构出发,威廉斯在自由主义的革命及悲剧外,找到了另外一条理解现代革命及革命悲

---

① [英]雷蒙德·威廉斯:《政治与文学》,樊柯、王卫芬译,河南大学出版社 2010 年版,第 439 页。
② [英]雷蒙德·威廉斯:《漫长的革命》,倪伟译,上海人民出版社 2013 年版,第 362 页。
③ [英]雷蒙德·威廉斯:《政治与文学》,樊柯、王卫芬译,河南大学出版社 2010 年版,第 438 页。

剧理论的路径。上一章所述的人们在威廉斯现代悲剧理论中所观察到的"革命",实际上也就是社会主义革命。威廉斯的现代悲剧观念蕴含着尼采一派超越苦难的希冀,特别强调悲剧与秩序的关系,看重对悲剧性状况及经验的呈现及解决。这种解决方案可能是暂时的,也可能是一劳永逸但却需要漫长时间达成的。在当代社会中,若想实现对苦难的解决和超越,最常见的途径及最可能达成的方式便是社会主义革命。威廉斯直言,这一势在必行的"社会主义真实而积极地继承了形式各异的人的解放冲动"①。它建立的秩序必将容纳共同体之内的所有成员并为它们所共享,这样的革命方式才能造成人们感觉结构的根本改变,才是面对资本主义失序时所采取的必不可少的行动。这样,在社会主义革命观念的支撑和指引下,威廉斯找到了革命与悲剧的关联,将社会主义革命与如前所述的从感觉结构出发探索出来的现代悲剧理论相结合,形成现代革命悲剧观念。

　　威廉斯将社会主义革命看成悲剧,因为从日常意义上来说,无论是短期革命还是长期革命,其中不乏充斥着谎言、暴力、混乱、冲突、挫折等各种苦难。这不仅是悲剧日常范畴内的意义,而且也是人们在现代社会中所感知到的悲剧的感觉结构,所以把这些革命进程中的悲剧性体验看作悲剧是很自然的事情。另一方面,威廉斯把革命当成整体行动来认识,在此人们同样可以找到它与悲剧的深层关联。首先,社会主义革命对资本主义世界的批判与颠覆,旨在使混乱的失序状态走向有序。混乱的失序状况是它的悲剧性起源,所以社会主义革命具有悲剧的底色。其次,社会主义革命是真实无序性状况中必不可少的行动,它要求对无序状况加以认识和解决,而悲剧正是对这一超越性过程的经验和反应。从这一角度看,现代悲剧与革命过程在构成及意图上十分相似,人们甚至可以说,悲剧的另一个名称就是"革命"。对社会主义革命的体验、表达及呈现则是悲剧的内容:悲剧是能以较为浅层的方式一目了然地展现使人恐惧、痛苦和战栗的无序状况,以及通过社会主义革命的对抗及奋斗,秩序得以再生的过程。像这样,革命渗透进悲剧中,并成为现代悲剧的重要感觉结构之一。

　　这种革命悲剧观念同样是对马克思、恩格斯的革命悲剧理论的继承和发展。马克思和恩格斯的悲剧理论在黑格尔悲剧理论的影响下有所继承与突破,前者将黑格尔所认为悲剧最终达成相互和解的指向改造为社会历

---

① ［英］雷蒙·威廉斯:《现代悲剧》,丁尔苏译,译林出版社2007年版,第66页。

史发展中,冲突矛盾双方——不同的社会力量、阶级角色之间——的一方的胜利及其另一方的失败。① 在革命悲剧观念里,这一方面指的是历史所必然要求的革命运动等新兴力量出于外界环境及自身的因素(如其尚处在初生阶段,自身力量还不够强大等),在某一实际历史进程中不能实现,进而导致失败和覆灭。如马克思、恩格斯在对《济金根》的批评中所呈现的那样,济金根的失败在于看重骑士的优先性,没有重视农民阶级的力量和贵族阶级没有同农民、城市阶级相结合。在此,革命的必然要求在特定的历史语境中不能实现,故而诞生了悲剧。另一方面,马克思在《〈黑格尔法哲学批判〉导言》和《路易·波拿巴的雾月十八日》中曾提出,现实世界里同一个历史制度"世界历史事变和人物"②都以两种不同的形式出现:一次为悲剧,一次为喜剧或笑剧。当旧制度自身仍具备合理性、合法性时,如果它在与新生事物的冲突中遭遇覆灭,因其失败并非个人性的,而是"世界性的历史谬误"③,在这种状况下,旧制度的灭亡是悲剧性的。而喜剧或笑剧则源于旧制度走到最后一个阶段,丧失合理性、进步性之时,"人类能够愉快地和自己的过去诀别"④。从现有资料看,在威廉斯首次提出现代革命悲剧理论之时,他是阅读过以上两篇经典文献的,⑤特别是在《现代悲剧》中,他还引用过《〈黑格尔法哲学批判〉导言》中的相关论述。然而威廉斯的现代革命悲剧理论却并未袭用恩格斯、马克思的说法,而是发展了一套如上所述与众不同的现代革命悲剧观念。从社会历史出发来探索革命悲剧,这是威廉斯对马克思社会历史的批评方法之继承。同样,在自由主义革命和社会主义革命之间,威廉斯选择解放全人类的社会主义革命,也是受马克思社会主义革命观念的影响和启发。而威廉斯所相信并为之奋斗终身的社会主义终将能战胜并取代陈旧的资本主义之信念,在相当程度上与马克思将社会主义看作资本主义与替代的演进的社会观念紧密相关。不过尽管威廉斯的革命悲剧理论同马克思一样,都是对社会历史批评方法的出色运

① 程孟辉:《西方悲剧学说史》,中国人民大学出版社 1994 年版,第 391—422 页。

② [德]马克思:《路易·波拿巴的雾月十八日》。见[德]马克思、恩格斯:《马克思、恩格斯论艺术:第一卷》,中国社会科学出版社 1982 年版,第 57 页。

③ [德]马克思:《〈黑格尔法哲学批判〉导言》。见[德]马克思、恩格斯:《马克思、恩格斯论艺术:第一卷》,中国社会科学出版社 1982 年版,第 56 页。

④ 同上,第 56 页。

⑤ 20 世纪 50 年代的著作《文化与社会》中,曾引用《路易·波拿巴的雾月十八日》。参见[英]雷蒙德·威廉斯:《文化与社会》,吴松江、张文定译,北京大学出版社 1991 年版,第 340 页。

用,但两者对革命悲剧探索的角度并不完全相同。马克思和恩格斯是在其革命理论的基础上来论述悲剧,强调特定历史环境里,新旧事物之间的力量博弈及彼此之间的阶级关系,并区分了悲剧和笑剧。在马克思和恩格斯看来,当旧事物及其制度丧失了合理性之时,无论它的失败或覆灭伴随多少灾难,都不能看作悲剧而只能看成"第二次出现",使人们能愉快地同过去诀别的笑剧。而威廉斯是从感觉结构出发,在其现代悲剧理论的基础上来论述革命的。悲剧被当成一个整体行动来看待,指向从无序走向有序的过程。人们若想终结混乱的无序状况,常见的方式就是诉诸革命。在不同的革命观念中,威廉斯认为,社会主义革命承载了各种真实的冲突,蕴含着对苦难的超越之希冀,是终结混乱状况所必不可少的行动。由此,威廉斯把社会主义革命与悲剧理论结合起来。马克思与威廉斯同样看重阶级,不过威廉斯从马克思那里继承的是通过无产阶级的领导,最终达成一个消灭阶级统治的真正平等、自由的社会。威廉斯清楚地认识到这一过程不仅仅意味着政治的变革,而且还有经济和文化上的变革。只有当感觉结构彻底转变,社会转变也才完成,所以他提出"长期革命"的思想主张。在这一漫长的社会转变过程中,只要是为人们所感受到的一切悲剧性体验,都是革命悲剧。威廉斯并不看重因阶级身份所划分的新旧事物或制度等差别。他认为:无论是历史所必然要求的革命力量的覆灭,还是不符合历史必然要求的事物的失败;无论是旧制度在还有合理性时就走向消亡的"悲剧",还是使人类能愉快地向过去告别的"喜剧",只要它们在感觉结构上能被识别为悲剧性的体验,呈现了混乱无序状态及其解决,那么在社会主义革命进程中它们就表征为悲剧。在此意义上,威廉斯突破了悲剧与喜剧的二元对立,拓展了马克思和恩格斯革命悲剧观念的范围。

在找到威廉斯的社会主义革命观念及其与悲剧的连接点后,威廉斯的革命经历是人们需要充分理解的议题。因为威廉斯自言,实践优先的原则是他的信仰,贯穿于他的理论、政治生涯及写作中。[①] 这就意味着,威廉斯的革命实践超越了作为一般背景图式的简单参照或补充:它是其社会主义革命悲剧观念的重要来源之一,更是维系这一观念的不竭动力。因此,在讨论威廉斯革命悲剧观念之后,我们有必要单设一节梳理威廉斯的革命经历。只有深切地体会威廉斯的革命实践,我们才能更好地明白,威廉斯为

① 参见[英]雷蒙德·威廉斯:《政治与文学》,樊柯、王卫芬译,河南大学出版社2010年版,第33页。

何把社会主义革命看作悲剧。

二、革命实践：现代革命悲剧观念的不竭动力

雷蒙德·威廉斯的出身、教育经历及时代背景，使他很早就投身于反对专制、压迫及剥削的政治文化活动和一系列有益于社会主义的革命中，并在实践中逐步确立了横亘一生的社会主义革命观念。[①] 而这些实践及实践效果不仅促使他把悲剧从体裁这一狭隘的视域中解放出来，还为他现代悲剧革命观念的生成及巩固提供源源不断的动力。

早在 1935 年，十四岁的威廉斯一度为工党助选。1938 年的阿伯加文尼的公众集会上，他作为发言人，反对非正义的慕尼黑协定（Munich Agreement）。进入剑桥后，威廉斯积极参与政治活动且不时在学生会上发言，倡导自己的立场。在社会主义俱乐部里，他曾撰文指出，如果英国不进行革命，则无法与希特勒战斗。在"二战"末期，他编辑军队报纸《二十一》（*Twenty one*），以笔名迈克尔·波普（Michael Pope）写作政论。他暗示对苏军暴行的报道可能并非虚假，且与共产主义相违背。1945 年，他因为担忧民主前景受到威胁而反对英国政府接受美国贷款。1947 年，他编辑《政治与文学》，目标是把左派激进政治和以利维斯为代表的文学批评相结合。在这份刊物上，他陆续发表《文化与危机》（*Culture Crisis*，与 Clifford Collins 和 Wolf Mankowitz 合写，1947）、《广播剧》（*Radio Drama*，1947）、《政府与大众文化》（*The State and Popular Culture*，以 Michael Pope 为名，1948）等文章，介入社会文化和政治生活。没过多久，这份准社会主义刊物因资金限制、编辑之间的冲突等问题而停刊，这对威廉斯来说是一场危机和灾难。1951 年，朝鲜战争爆发。作为 Z 级后备军官，从事成人教育工作的威廉斯需接受重返部队、奔赴朝鲜战争的征召。不过威廉斯认为，朝鲜半岛的内部冲突既非南方入侵北方，也不是西方国家针对朝鲜侵略者所发动的圣战，而是"社会形态的政治斗争"[②]。出于对战争性质的认识，他

---

① 以下内容重点参考了《新左派评论》与威廉斯的访谈和威廉斯的论文集《希望的源泉》。见 [英]雷蒙德·威廉斯：《政治与文学》，樊柯、王卫芬译，河南大学出版社 2010 年版，[英]雷蒙·威廉斯：《希望的源泉：文化、民主、社会主义》，祁阿红、吴晓妹译，译林出版社 2014 年版。

② [英]雷蒙德·威廉斯：《政治与文学》，樊柯、王卫芬译，河南大学出版社 2010 年版，第 71 页。

冒着承受牢狱之灾的危险拒绝应征入伍。尽管后来的法庭裁决允许了威廉斯的做法，但他仍因此事被剥夺军衔，从军队里除名。同年，他写作了反映在社会变革中的僵局和困境的小说《蝗虫》。

从 20 世纪 50 年代后期起，威廉斯加入"高校与左派评论俱乐部"，发起并投身新左派运动及多种多样的社会主义政治活动，与"战后劳工运动中存在的家长作风、侮辱谩骂、目光短浅、缺乏文化修养等陋习进行了较量"①。他期盼和平，不遗余力地支持核裁军运动（Campaign for Nuclear Disarmament），参加奥尔德玛斯顿（Aldermaston）的示威游行。尽管 1961 年的工党大会否决了由新左派提出的单边核裁军协议，但他始终积极活跃于反对核武器的活动中——他曾连续十年参加复活节星期一的抗议游行。他支持民族解放和反帝国主义，是越南团结运动（the Vietnam Solidarity Campaign）的积极分子。因美国在越南战争中的做法，他在十年左右的时间里拒绝赴美的邀请。同样，因工党（Labour Party）对越南战争的支持，威廉斯于 1966 年退出该党。对工党的失望并没有引起他改变航向去接受资本主义；相反，他一方面对工党进行一直持续到 20 世纪 80 年代的建设性批判及反思，另一方面他踊跃地为社会主义献计献策。1967 年，威廉斯与斯图亚特·霍尔（Stuart Hall）和 E. P. 汤普森（E. P. Thompson）共同起草《五一宣言》（May Day Manifesto）并召集会议。《五一宣言》把 20 世纪 60 年代的社会看作经济、政治、社会等相互关联的成分进行社会主义的分析，并且在不同的社会主义团体及左派运动之间建立有组织的联系，呼唤它们通过彼此互助合作来共建社会主义民主国家。② 不过，《五一宣言》试图扩张新左派的努力在政治上宣告失败。此外，威廉斯还支持 1968 年学生运动并为其做辩护，还参与反对刺杀学生运动领袖鲁迪·杜奇克（Rudi Dutschke）的游行。

20 世纪七八十年代，威廉斯依旧坚定社会主义的信念，不畏艰难地继续向往平等和民主，并对各种各样的运动及重大事件做出回应。1976 年至 1978 年，他是艺术委员会（The Arts Council）的成员，曾经"极力争取并最

---

① ［英］罗宾·布莱克本：《序言》，祁阿红、吴晓妹译。见［英］雷蒙·威廉斯：《希望的源泉：文化、民主、社会主义》，祁阿红、吴晓妹译，译林出版社 2014 年版，第 3 页。

② 参见 Seth Moglen：*Contributions to the Long Revolution：Raymond Williams and the Politics of the Postwar New Left*. In W. John Morgan and Peter Preston, eds. *Raymond Williams：Politics，Education，Letter*. St. Martin's Press, 1993：69-72.

终召开了一次委员会特别会议"①,对艺术委员会由财政大臣任命、由在任委员推举新委员的内定方案等种种特权政策展开严肃讨论。离任后,他依据自己的经历,仍然对艺术委员会的组织管理模式、职责范围进行反思,并提出深入的改革计划。威廉斯声援环境运动,是社会主义环境资源协会(Socialist Environment Resources Association)的倡议者之一。在他看来,生态运动与社会主义思想有着紧密而复杂的联系,而资源短缺、环境污染等生态危机更是社会主义运动亟待解决的问题。他认为,各个国家应相互协商和沟通,共享经验,以均衡的方式开发及利用资源。威廉斯关注性别平等的问题,赞同妇女运动(women's movement),反对忽略女性,使其边缘化并沦为附属地位的行为。威廉斯赞成对资本主义加以抵制的各种正式或非正式的罢工行动。他于 1976 年参加"1926 年的大罢工暨煤矿工人罢工"五十周年的纪念大会并发表演说,也对 1984 年至 1985 年的煤矿工人大罢工加以支持。他认为工人有权表达自己的不满与诉求,掌握或抗议自己的工资、工作条件及工作性质。除此之外,威廉斯还拥护其他劳工运动——他特别强调劳工运动要扩大公共教育及促进文化变革。威廉斯对社会主义热情不减,他是社会主义协会(Socialist Society)的发起者之一和《新社会主义者》(*New Socialist*)的责任编辑。1982 年,由社会主义协会发表他的讨论社会主义民主的重要文献《民主与议会》(*Democracy and Parliament*)。威廉斯认为,现存的代议制民主(representative democracy)在实践中实际上是并不具备代表性和参与性的资产阶级民主。社会主义不但应反对这种在公民身上施加政治、经济等控制的体制,而且要超越它,建立社会主义的民主机构。威廉斯在这本小册子的最后,针对议会及其他机构提出了可供商讨的改革草案,为社会主义民主提供切实可行的资源。1983 年,威廉斯应伦敦社会主义协会之邀在大选前做有关"未来阶段的种种问题"的演讲。在演讲中,他指出现阶段英国社会存在的危机,并敦促人们对现阶段社会主义加以反思。1985 年,威廉斯参加"第十次'全世界社会主义'圆桌国际会议"②,并提交会议论文《走向多种多样的社会主义》(*Towards Many Socialisms*),讨论了社会主义与自我管理的关系和社会

① [英]雷蒙·威廉斯:《希望的源泉:文化、民主、社会主义》,祁阿红、吴晓妹译,译林出版社 2014 年版,第 48 页。
② [英]罗宾·盖布尔:《致谢》,祁阿红、吴晓妹译。见[英]雷蒙·威廉斯:《希望的源泉:文化、民主、社会主义》,祁阿红、吴晓妹译,译林出版社 2014 年版,第 3 页。

主义与资本主义及自由主义相互作用的问题,并且展望社会主义发展的多种前景。

如此种种,在动荡的年代里,威廉斯身体力行地践行社会主义革命观念。他总是在最需要的地方慷慨陈词,并试图影响正在进行的整个革命过程。威廉斯受社会主义的鼓舞,也承担了对它的责任;他有着浓烈的现实关怀,从不回避棘手的问题;他在对资本主义的抵制、批判和通向社会主义道路的途中越走越远,鞠躬尽瘁,死而后已。从另一角度看,正是现实社会存在诸多悲剧性的状况和体验并不令威廉斯满意,他才选择了社会主义革命的道路,力图解决这一混乱的无序状况,使全人类摆脱悲剧性生存体验,并过上自由而幸福的生活。

这就注定了威廉斯的革命观念不仅在起源上颇具悲剧底色,而且与悲剧的结构相似——如前所言,两者致力于无序状况的认识及解决。从实践过程及效果看,这些革命行动时常遭遇失败或陷入困境,以悲剧告终。而受挫的威廉斯面对困境虽有失望和沮丧,但并没有退缩,而是毫不放弃、不畏艰难地一再坚持长期革命的主张:既然社会现实的悲剧性体验远没有终结,漫长的社会主义革命观念就还具备合法性和有效性,对现世的批判精神和革命尝试就应该继续下去。现实社会存在诸多悲剧性状况和体验,威廉斯没有逃避,也没有堕入虚无或犬儒状态,而是一再坚持社会主义革命的观念,这使得社会主义观念与现实悲剧体验进行长期互动,他亦在革命实践中反复品咂革命的悲剧。

通过梳理威廉斯的革命实践,不难看出与之相随的悲剧性体验,所以人们也不难理解,社会主义的革命与悲剧之间不仅有内在的逻辑关联,在威廉斯具体的革命实践中,两者亦难解难分。在前面我们已经从日常意义和深层意义两个角度结合了他的悲剧与社会主义革命思想。接下来,我们转入对社会主义革命悲剧的探讨。

第六节　革命悲剧

雷蒙德·威廉斯根基于他所体验到的活生生的社会事实,在研究现代悲剧观念和现代革命观念之后,把目光聚焦于社会主义革命及其悲剧思想;他将二者联系起来,从而解决了革命与悲剧相互分离的尴尬处境。本节继续深入威廉斯的革命悲剧理论,分两部分探究革命悲剧:第一部分对现实世界里的革命悲剧——威廉斯革命悲剧理论的情感结构——进行分析;第二部分对威廉斯所研究的文学作品中的革命悲剧加以探讨。

一、现实世界的革命悲剧

经过上文分析,人们能看出,雷蒙德·威廉斯的现代革命与悲剧观念密不可分。结合其革命实践及观念,威廉斯把革命看作悲剧的一种,并赋予革命以悲剧性内涵。与马克思和恩格斯在革命过程中,"历史的必然性"能够实现与否来判断悲剧的观点不同,威廉斯则坚持认为,现代社会主义革命自身就应该被解读为悲剧。在从日常意义、深层意义论及革命悲剧角度深解后,我们不禁要问:社会主义革命悲剧理论的悲剧性是什么? 在哪些形式中,人们能见到革命悲剧呢?

(一)社会主义革命悲剧观念的悲剧性

威廉斯自觉认同并践行着社会主义革命观念。在他看来,社会主义革命力图揭穿金钱至上的谎言和种种特权的不公资本主义情境,真正承担了解放被压抑和扭曲的人性之使命和颠覆资本主义秩序的重任,从而能把人们从混乱的无序中拯救出来,建立一个涵盖全部人类的平等、民主的美丽新世界。威廉斯也深知,这一从经济、政治、文化等方面努力去改善人类各项无法忍受的状况的革命,其本身就有指向最高解决方案及一劳永逸的秩序之终极含义。姑且不论这一非常美好的前景是否注入了理想主义的成分,这一旨在解放"天下所有人的绝对人性"[①]和使所有人类得到拯救的社会主义期望,不管在起源上还是行动中都难免是悲剧性的。社会主义革命的起源之所以是悲剧性的,是因为威廉斯意识到,一方面它根植于社会中极端混乱的无序状况,原有秩序在此失落,其中一部分人不可避免地被剥夺了人性;另一方面,虽然社会主义革命笃信自己有着光明前景和美好未来,但它毕竟在真实的诸多苦难与邪恶中产生,它无时无刻不面对暴虐、恐怖、残酷、畏惧等情况与境遇。在革命里,尽管这两方面或许是暂时的,但也难免给人带来怜悯、震惊、恐惧、痛苦等悲剧性体验。此外,社会主义革

---

① ［英］雷蒙·威廉斯:《现代悲剧》,丁尔苏译,译林出版社 2007 年版,第 71 页。

命的行动也富含悲剧意义。因为革命对象并非是上帝或无生命的物体，它也不仅仅是对社会机构及制度进行的讨伐——革命的斗争对象是真正生活在这个世界上有血有肉的人。所以，无论是暴力革命过程中带来的残酷镇压、流血和死亡，还是长期革命建构中种种必要的妥协、压力与牺牲，总会因为与一些人紧密相关而显出无法回避的悲剧色彩。这也是无论乌托邦主义（utopianism）还是革命浪漫主义（revolutionary romanticism）均"恰如其名地掩盖或稀释"①的重要事实。

如是，继承了马克思的社会主义观念的威廉斯论述了社会主义革命观念在起源及行动中有双重的悲剧意义。不过在具体操作中，革命行动的悲剧性远远比上述情况要复杂得多。社会主义革命在实践中会遇到许多反对、阻碍的情境，革命也会有一些不充分的错误之处。它们与社会主义革命的观念相悖或抗衡，故不论其性质及表现如何，它们都是革命中的悲剧性因素。它们也与社会主义革命观念夹杂在一起，共同构成了现实世界中正在进行的革命悲剧。

（二）现实革命悲剧的两种形式

在威廉斯看来，现实革命悲剧的形式主要有两种：一种是革命行动中的虚假意识（false consciousness），还有一种是革命的异化（revolutionary alienation）。

1.革命行动中的虚假意识

经历了两次世界大战及核战争之后，欧洲社会弥漫着消极的反战主义（inert pacifism）思潮。它一门心思地企图排除暴力革命及战争，希望凭借辩论、协商等方法形成"缓慢而和平的建立共识"②的革命。威廉斯觉察到，这一怪诞思想是自私而伪善的虚假意识。他尖锐而深刻地揭示，这一蕴含"不惜一切代价来避免战争"的思路，实际上是缺少定语的修饰及指涉。如果人们继续追问"是谁的代价"，答案就呼之欲出了——实际上，这一反战的"和平思想"是以不惜牺牲其他人的一切代价来防止战争的。这些阻止暴力手段革命的人们身居相对安全和平的氛围中，暂无战争等危机之虞。他们打着精明的如意算盘：一方面，他们顾虑别处的动乱与骚动会波及自

① ［英］雷蒙·威廉斯：《现代悲剧》，丁尔苏译，译林出版社 2007 年版，第 69 页。
② ［英］雷蒙·威廉斯：《现代悲剧》，丁尔苏译，译林出版社 2007 年版，第 71 页。

身;另一方面,他们担忧那些饱受剥削与贫困的人们在改变自身处境后,会威胁到他们自己目前的安逸生活。所以,他们有的对反帝国主义、反殖民主义等革命运动视而不见,有的罔顾其他人正在承受失序之痛楚并加以反抗、自我解放的行动,有的讨价还价、做出虚伪的承诺,如此种种,他们希望利用镇压手段或经济、政治策略的控制,默许无法忍受的现状并把其维持下去。说它们是虚假意识,是因为它们根本不愿投入解放人类的行动中去,且与意图改变压迫等苦难的真实革命行动相左。这些阻挠革命的观念及做法,是出现在社会主义革命中不折不扣的悲剧。

这一借助辩论和达成共识以建设没有暴力的"和平"革命的虚假意识还体现在以下几个方面。首先,由于当下太多群体和个人的人性被限制,他们有的因忙于抗争自顾不暇,有的因屈服权势及压力而耽于扭曲状态。总而言之,他们没法形成有效的讨论,"和平"革命的结果也就无从谈及了。其次,"真正的困难在于我们就这一程序变得沉默寡言"①。这是因为到目前为止,它并没有实际的解决方案。② 这也说明,不但以暴力为途径的革命依然有效,而且和平达成共识的过程是一场虚幻的悲剧性错觉。另外,如威廉斯声称的那样,"在任何一个西方社会里,实际上只有极少数人像我们在理论上所主张的那样放弃了暴力"③。西方国家进行的军备竞赛,核武器及生化武器的研发,都是对其所提议的、没有暴力的革命的深深讽刺。这些国家"本身就是依靠暴力建立或维护的,而且会不假思索地用暴力来对付世界上那么多国家的人民"④。他们编造谎言和借口将暴力合法化,来反对和镇压自我解放的革命行动。例如前文所言,美国介入越南战争以及工党对此的赞成态度。再如威廉斯提及,在他 20 世纪 60 年代撰写《现代悲剧》的时候,英国正在镇压南阿拉伯半岛联邦的解放运动。这种阻碍解放、助长无序的行径也是真实革命中的悲剧。

毋庸置疑,这些虚假意识滋生了搅乱革命,打破即将建成的新秩序,并使之复归于失序状态等混乱状况,造成了无序状态不断重演及增长的悲剧性后果。面对日益扩大的贫富差距和与日俱增的残酷剥削,以及打破上述

---

① 〔英〕雷蒙·威廉斯:《现代悲剧》,丁尔苏译,译林出版社 2007 年版,第 70 页。

② 值得注意的是,之前阐述的"长期革命"并不排斥暴力的革命,所以不可等同于没有暴力的、缓慢而和平的建立共识的革命。

③ 同①。

④ 〔英〕雷蒙·威廉斯:《希望的源泉:文化、民主、社会主义》,祁阿红、吴晓妹译,译林出版社 2014 年版,第 81 页。

不平等状况的愈来愈多的诉求和真正的革命行动;越来越多的国家及地区自愿或被迫卷入革命及战争中,不断形成实际的危险和悲剧性体验,无序范围的边界也在被不断扩大。这一无序状况非但没有如虚假意识预料的那样,使自己抽身或逃离;反而以形形色色的方式持续地渗入社会,以致"不堪忍受,无论我们在什么地方,它都会通过我们的行动和反应进入我们的生活"①。在初次讨论革命悲剧时,威廉斯曾说过:"朝鲜、苏伊士、刚果、古巴以及越南都是我们自身危机的名称。"②在 20 世纪 70 年代晚期出版的《现代悲剧》编后记中,威廉斯认为这一悲剧性的混乱、无序状况非但没有得以缓解,反而愈演愈烈,还要加上"捷克斯洛伐克、智利、津巴布韦、伊朗、柬埔寨"③等新的名称。结合威廉斯自身的生存经验,特别是他曾参加令其深恶痛绝、胆战心惊的摧毁人性的第二次世界大战,威廉斯给出了采取"完全不同的和平举动"④的切实可行的解决办法。他指出,人们必须从观念上摒弃虚假意识,坚决抛弃非暴力革命的痴心妄想。面对无序状况,人们唯一能做的不是一本正经地谴责它,也不是用尽力气去掩饰它,而是坦然地正视现实,参与其中并努力奋斗,以期待这一悲剧状况的早日终结。

2. 革命的异化

所谓"革命的异化",意思是指在对人类异化进行反抗的革命过程中,可能会产生的与革命意图相疏离的现象,并出现后者把革命变成了它所反对的敌人的情境。威廉斯分析了革命异化的两种形态。首先,革命的斗争对象是人,参与革命的也是人,革命实际上是一些人对另一些人的斗争。这就存在着"革命行动很容易将它的公开敌人'不当人'"⑤的情形。比如在对暴君进行处决的时候,他仿佛被当成一个物体而不是活生生的人。众所周知,社会主义革命追求的是使全体人类的人性得到恢复,而这种以其人之道还治其人之身的简单粗暴的做法不但富含悲剧性,而且无疑违背了革命宗旨,妨碍现在的境况与革命前景的相互连接。另一个异化景观是把革命观念、内容及经验抽象化和概念化,而真实经历中所体会到的希望和苦难却退居次席,仅仅转变为战略上的"革命形势"(revolutionary

---

① ［英］雷蒙·威廉斯:《现代悲剧》,丁尔苏译,译林出版社 2007 年版,第 71 页。

② 同上,第 71 页。

③ ［英］雷蒙德·威廉斯:《〈现代悲剧〉编后记》,阎嘉译。见［英］雷蒙德·威廉斯:《现代主义的政治——反对新国教派》,阎嘉译,商务印书馆 2002 年版,第 136 页。

④ 同②,第 72 页。

⑤ 同上,第 74 页。

situation)。常见的做法是在严格的纪律和制度之下,抽象的革命思想强加在革命进程中男男女女的身上,并加上"为了他们"的名义。威廉斯分析,尽管许多情况中,唯有这样做才能使人有坚持革命的动力。但在充满无序的危机中,它扭曲了真实生活,否定了多样化的革命目标,造成了悲剧性的危险。

在反对资本主义对人的异化等反对异化的革命过程中又产生了新的异化,乍看之下确实存在某种程度上悲剧的必然性和宿命感。然而威廉斯建议人们,要从革命的整体行动中观察异化状况。尽管致力于结束异化的革命中可能产生新的异化情况,但站在把革命看作行动的视角上,就能观察到人们对新异化现象的反应,意识到一种对新异化形态的理解、超越和奋斗:"对无序状态的把握将导致社会秩序的新意象:一种反对静态革命意识的革命,以及再生和重新经历的真正行动。"①在异化的革命行动中,威廉斯找到了希望的源泉。

以上就是现实世界的革命悲剧和威廉斯据此进行的批判性分析。不难看出,威廉斯与马克思和恩格斯论述革命悲剧的路径不尽相同。马克思和恩格斯是以历史发展的演进眼光,从新旧事物交替的历史必然要求来论述革命的悲剧。他们所论及的革命,大多指向暴力革命中的悲剧,这些悲剧的存在取决于历史发展的顺序多过人们对新旧制度的实际态度和感受。而威廉斯则认为,革命不仅仅只是暴力革命,也是一个经济、政治和文化等方方面面需要改变的漫长的过程。他承认新旧制度交替的必然性,但同样指出了其中的复杂性。在谈及垂死制度时,威廉斯认为"在它的代表们和自觉的支持者们与那些欢迎它的替代者或者早已是它的自觉的反对者们之间,不存在任何明显的决裂"②;真正——尽管是暂时的——决裂的时刻尚未到来。所以处在"文化缓慢的转折点上"③的威廉斯从感觉结构的角度入手探索革命悲剧,分析社会主义革命在起源和行动上的悲剧性,分析革命的异化和虚假意识等为人感受到的实际社会进程中的革命悲剧。威廉斯并没有美化社会革命,而是坦承其中的悲剧性。面对这些悲剧,他也没有消极沮丧,或者干脆建议取消革命;而是给出解决悲剧的积极性的建设

① ［英］雷蒙·威廉斯:《现代悲剧》,丁尔苏译,译林出版社 2007 年版,第 74 页。
② ［英］雷蒙德·威廉斯:《〈现代悲剧〉编后记》,阎嘉译。见［英］雷蒙德·威廉斯:《现代主义的政治——反对新国教派》,阎嘉译,商务印书馆 2002 年版,第 139 页。
③ 同上,第 139 页。

性方案。他鼓舞人们：尽管革命中有各种各样的困境，但人们有最终超越悲剧的希望和可能。

现实的革命悲剧中的感觉结构，同样在文学创作中以不同的方式体现着，威廉斯对此也有深入分析。这是我们下一节要讨论的内容。

二、贝尔托·布莱希特：文学视域中的"革命悲剧"

斯坦纳声称，悲剧在现代社会已经终结。而雷蒙德·威廉斯从经验角度出发，论证悲剧不仅远没有结束，而且正在革命中兴起。伴随革命悲剧横生的实际历史情况，文学场域中的悲剧亦没有停止探索的脚步。艺术家们体验、思考着革命悲剧，并以自己的方式对其感觉结构加以创造性回应。其中贝尔托·布莱希特独树一帜，他不仅努力拓展悲剧形式，试图超越陷入僵局的自由主义悲剧，而且在他的创作中，蕴含着鼓舞真正革命的冲动及力量。他与威廉斯对革命悲剧的分析遥相呼应，也就理所当然地成为威廉斯重点关注的对象。

马克思和恩格斯在批判《济金根》时曾不约而同地指出，以济金根为首的骑士阶级所领导的起义并不符合历史的必然要求，所以也并不适合作为表现革命悲剧的主题。他们认为，拉萨尔应以农民或平民运动为主题来展开写作，来表现真实的悲剧性冲突和真正的悲剧因素。而威廉斯根据当时已有的写作实践，在布莱希特的创作中找到了革命悲剧。威廉斯指出，在布莱希特作品的深层结构，提供了一种"综合认识"（complex seeing）。这是"陌生化"①（остранение/英文 defaniliarization）——20世纪俄国形式主义文论里非常重要的概念之一，经过理论旅行后的产物。陌生化的概念最初由维克多·什克洛夫斯基（Варис Эйхенбаум/英文 viktor Shklovsky）提出，意指在艺术领域中，为了使人们诉诸感觉而非认知所采用的种种与日常生活不同的、特殊的形式手法。在受马克思主义影响的布莱希特那里，这一本已包含接受者维度的观念被转化、吸收和改造，最终形成"综合认识"并拓展了前者的社会性视野。综合认识是指"一种多义性和动态的、不确定的社会过程"②，它邀请观众在震撼中反复观察并思索，以此唤醒人们超越戏

---

① 也被译作"间离化""奇特化"。
② ［英］雷蒙德·威廉斯：《〈现代悲剧〉编后记》，阎嘉译。见［英］雷蒙德·威廉斯：《现代主义的政治——反对新国教派》，阎嘉译，商务印书馆2002年版，第130页。

剧自身的投入、改变和行动。据此,布莱希特进行了一系列复杂的创作实践。

威廉斯详细地说明了布莱希特运用"综合认识"来写作的实践过程,在布莱希特的早期作品里呈现了这样一种面对苦难和无序的态度:"对公共美德与公开谋杀、公共道德与社会贫困的同时存在感到心灰意懒。"①实际上,这种冷漠麻木的态度并非对现状的默许,而是在虚伪邪恶的制度与社会道德结盟的情况下,人们为掩盖内心的脆弱和避免同情心被滥用所不得已而为之的隐忍。人们把谴责或抗争苦难放在这一态度的对立面,因此也不可能以积极的方式理解苦难。布莱希特在失落悲愤之余选择了传统的做法:通过展示不道德的事物来撕开世界的虚假面孔,用简单粗暴的丑恶现象直接刺激观众,并期望他们从中获得震撼和愤怒感,以便进一步思考和批判。于是悲剧变成了对肮脏社会的控诉,妓女、小偷、罪犯等时常给人以强烈厌恶情绪和不雅印象,很容易就成为揭丑的首选,如他的作品《三毛钱歌剧》(The Threepenny Opera)。不过,威廉斯正确地指出,布莱希特的做法并没有取得预期成效。因为从传统道德观念出发,这些形象由于自身种种的不完善而时常被视为在道德上有缺陷甚至是"非道德"的。所以他们并不能受道德的保护,经由他们来完成的对道德崩溃的揭示和给观众以震惊效果的企图亦均不能达成。"在虚伪的体面社会中,最可预见的事情莫过于有意识地欣赏被有效控制和拒之门外的下层生活。"②在体面的观众眼中,姑且不论剧情如何,这些有污点的个人或群体首先在道德上便是值得怀疑的。当把不道德的事情加在他们身上时,很难不让人产生一种错觉:这只是发生在特殊阶级的个案上而已。因此,他们不能承担穿透虚假意识的重任。观众也不但不能感到震惊并对社会加以审视,反而把他们贬低为消遣娱乐的对象。所以,"观众越是靠着椅背欣赏这类行动,他们日常的人生观就越安全"③。在悲剧中,错误的道德逃避了检查和批判,而且会继续纵容虚假制度并充当它的庇护所。革命的错误认识使此时的布莱希特陷入了理论与实践相冲突的困境。尽管他找到了能使观众超越戏剧自身来反思的理论源泉和动力,但他的戏剧创作却因未能实践它而遗憾地宣告失败。"他以为自己看透了传统的制度,可是他的那种认识是对抵抗和

---

① ［英］雷蒙·威廉斯:《现代悲剧》,丁尔苏译,译林出版社 2007 年版,第 197 页。
② 同上,第 199 页。
③ 同上,第 199 页。

造反的拙劣模仿"①,威廉斯评论道。这样的戏剧虽然展示了人类的悲剧性体验,但是却没有给出如何避免它的可能。

不过,《大胆妈妈和她的孩子们》(*Mother Courage and her Children*)、《伽利略》(*The Life of Galileo*)等布莱希特成熟时期的戏剧实现了对这些局限与错误认识的真正超越。② 这同样为威廉斯所捕捉,他指出布莱希特真正实现了如前所言与戏剧形式紧密结合的"综合认识":"它通过人物生活态度的变化来展现选择和寻求决定。作品没有提出解决的办法。戏剧的张力自始至终存在,我们被正式邀请对它进行思考。"③布莱希特的戏剧是一场持续的、活生生的行动,清晰地呈现了各种矛盾冲突和紧张关系。这些矛盾及张力为威廉斯所重视,因为它们自身意味着多种选择,从而悲剧也并非一定发生,"剧中的选择始终只是一种可能性,它的行动也因此不断得到展示和再现"④,始终保持开放的状态。戏剧里的核心人物没有好坏的纯粹划分,他们身上不存在真实与虚假、善良与邪恶等的截然对立,也就无法以单一的视角加以分析。还有,威廉斯也指出,布莱希特成熟作品中的人物所遭遇的复杂的个人经验被普遍化,从而拉近了与观众的距离,并方便其对此进行认识和解读。此外,作品没有给出解决问题的措施,这就鼓励观众亲自参与和剖析,从而超越戏剧的既定方向,打开当下变革的可能前景。在观看戏剧的过程中,观众在震惊的同时领悟到:事情本可以不这么发展,或者朝向其他的方向发生。本可避免的悲剧却还是出现了,这启示人们应全面地介入并建设"一个不同的未来;他们努力在苦难中认识苦难和消除苦难"⑤。这些作品实际上也就包含两重乃至三重的悲剧因素:其一是对悲剧性灾难的展现;其二是使观众认识到灾难本可不必发生所带来的悲剧意识;其三是观众有可能在参与行动时所产生的新的悲剧感,如上文所言的虚假或异化革命的歧途。

威廉斯毫不讳言:"在欧洲戏剧中,布莱希特的创作是自易卜生和斯特林堡以来最重要的和最富原创性的。"⑥但他也声称,布莱希特的作品缺乏社会

---

① ［英］雷蒙·威廉斯:《现代悲剧》,丁尔苏译,译林出版社 2007 年版,第 201 页。

② 以下论述布莱希特的部分参考了 Raymond Williams. *Drama from Ibsen to Brecht*. Penguin Books, 1981:316-332.

③ 同①,第 204 页。

④ 同上,第 205 页。

⑤ ［英］雷蒙·威廉斯:《现代悲剧》,丁尔苏译,译林出版社 2007 年版,第 209—210 页。

⑥ Raymond Williams. *Drama from Ibsen to Brecht*. Penguin Books, 1981:316.

的现实主义维度,不可以被视为通常意义上的革命戏剧。因为一方面,布莱希特虽投身于社会主义革命,但他的创作实践却拒绝随着政党或革命亦步亦趋。另一方面,布莱希特曾尝试写作直面法西斯主义的戏剧,但并未取得成功;而他又是如此深刻地关注当代社会,故在革命悲剧的年代中转向一种新的、具有变革力量的寓言剧(fable-plays)。然而正是这种与现实疏离却具有历史感的形式,深刻地切入了当下危机,并呈现出经验的复杂性,使观众拒绝感官的沉醉和现成的处方,并勉励他们运用自己的逻辑和力量参与并决定事件,从而推动可能的发展及取代性的革命。一旦人们实现变革力量,开始从混乱的无序状态走向有序的努力过程,便从作品——对现实革命悲剧的一种反应——中诞生了真正的有悲剧意味的革命。

这种打破观众与舞台界线的策略,使戏剧行动永远处于在场的开放状态。在观众努力挑战、介入以寻找崭新世界之际,也是布莱希特以自己的方式参与社会主义革命、实现解放冲动之时。如此,布莱希特完成从幼稚的说教者到循循善诱的指引者的角色转换。而威廉斯之所以如此看重布莱希特,是因为威廉斯本人也真诚期盼观众能认识到现实混乱的无序状况,并且介入、参与社会主义革命,使其早日终结。而布莱希特的作品正是唤起这一希望的文学范本。同恩格斯和马克思一样,威廉斯也是以美学和历史的视野来评价布莱希特。就美学的范围看,威廉斯论述了布莱希特"综合认识"的理论及不同时期的实践过程。与马克思和恩格斯批评《济金根》拉萨尔应选择以农民或平民阶级而非贵族阶级为表现对象主体相似,威廉斯同样注意到布莱希特在实现"综合认识"的过程中的人物角色的转换问题。也正因为布莱希特将人物从小偷、妓女等下层人物转换为在乱世中能将个人经验普遍化的人物,他才在文学这一相对自治的场域中营造了抵抗性而非顺从性的阅读空间,促使人们在其既有经验之上进行反思而不是禁锢他们的思想。相较而言,马克思和恩格斯更看重革命悲剧文本的塑造,而威廉斯则更看重布莱希特的文本对读者达成的效果。除了批评《济金根》的内容和主题外,马克思和恩格斯还对这部剧中的性格以及细节的描写、背景设置、情节、韵律等形式方面提出意见,倡导"莎士比亚化"而非"席勒化"的写作——使作品遵从现实主义的写作要求,并且能够生动形象、血肉丰满,而非"时代精神的单纯的传声筒"①。而威廉斯更强调布莱希

---

① [德]马克思:《马克思致斐·拉萨尔》,曹葆华、孟复生译。见[德]马克思、恩格斯:《马克思、恩格斯论艺术:第一卷》,中国社会科学出版社 1982 年版,第 24 页。

特作品中"复杂地看"是如何打破读者原有的视野,召唤读者参与到给定情境中创造新的形势及其自身,从而扭转并非不可避免的悲剧状况,并且或许能借此对目前的传统道德、行为习俗、社会机构等实行变革。从这一角度讲,他所呈现的悲剧行动并非一成不变,而是蕴含着批评和改变的革命因素。就历史的角度而言,威廉斯和马克思、恩格斯在革命悲剧的文学批评方面的表现也不相同。如前所述,马克思和恩格斯是从社会历史发展的角度来讨论《济金根》,而威廉斯对革命悲剧文学批评的历史维度则体现在他指出了布莱希特的作品恢复了历史的维度,连接了现在和未来,即表征了社会现实中悲剧性的无序状况和召唤人们去解决它们的信念和勇气。既然当下的悲剧体验是如此令人难以忍受,那么人们质询它、直面它,并采取使无序走向有序的行动——"对,由于这些原因,当下的现实是这样;但这一行动仍在不断被重演,它可以不是这样。"①布莱希特以呼唤变革为己任,革命的实现最终有赖于民众积极地参与和介入。在悲剧性的混乱状况中,投入革命行动的潜能之可能,布莱希特的作品吸引了威廉斯的注意。革命的实现亦需要借助文学的力量来呼吁。事实上,无论是威廉斯所研究的活跃于真实世界中的革命悲剧,还是他所探讨的文学世界中时刻召唤观众的"准革命悲剧",都体现了他的社会主义革命观念,这蕴含着解决悲剧性苦难的美好向往和希冀。

第七节 结 语

当狭隘稳定的传统悲剧和悲剧理论无法处理现代社会活生生的悲剧性经历的时候,雷蒙德·威廉斯从社会经验和感觉结构出发,结合社会主义革命理论和自身实践,找到了革命这一现代悲剧的感觉结构。他从马克思关于社会主义革命的论说中得到启示,阐释了自己所理解的社会主义革命观念,并深度发掘其与悲剧的联系,在现实中再度找到革命悲剧存在的依据。对威廉斯现代革命悲剧观念进行讨论之后,我们能得出以下两个结论。

其一,文学研究与社会学研究相结合的研究方法和文化分析(the Analysis of Culture)的治学路径。面对"悲剧已经衰亡"的论调,威廉斯既没

---

① ［英］雷蒙·威廉斯:《现代悲剧》,丁尔苏译,译林出版社 2007 年版,第 209—210 页。

有承认任何占据优先地位的构成,也没有沉湎于对文本的封闭阅读中:他拒绝流行意识形态的调度,深入到广阔的社会语境里,在丰富的生存经验以及大量实证材料的基础上找到了目前存在的革命悲剧。在对革命悲剧的研究中,威廉斯探究并思考革命的悲剧性经验以及人们对此的反应,阐释了现实生活中革命的悲剧性及表现形式,特别是布莱希特鼓舞人们进行变革的悲剧。所以,威廉斯对革命悲剧的研究兼具文学与社会学的双重维度。

早在 20 世纪 50 年代,威廉斯就开始了一项贯穿终生的工作——对文化(Culture)及文化理论(Cultural Theory)的探讨。威廉斯梳理了文化的含义,他认为有三种相互关联、不可分割的重要含义。其一是文化的“理想的”(Ideal)含义,意指人类对某些永恒价值、思想精神的发现和描述,是一种追求自我完善的过程。其二是文化的“文献式”(Documentary)含义,意指对人类各种知识、思想及经验的记录。其三是文化的“社会的”(Social)含义,意指人类特殊的生活方式,包括各种惯例习俗、日常行为、机构制度等。而文化分析,就是对这三者相互结合的经验复杂体进行综合分析。在威廉斯对革命悲剧的分析中,有对其所追求的民主、平等、自由等解放目标的阐述,也有直接对作品和前人文献的辨析①,还有从整体社会、生活经验层面上介入对悲剧革命的说明。故不难看出,革命悲剧的分析已经与社会建立丰富的联系,它从文体及文本意义上的单纯的美学分析拓展到对整个悲剧感觉结构的文化分析。而这一治学路径下的革命悲剧研究,也为他的文化理论实践提供一个不可或缺的例证。

其二,深厚的人文主义情怀。威廉斯的人文主义思想主要体现在两个方面。一方面,它让威廉斯敏锐地观察到,并认为社会主义革命具有悲剧色彩。如前所述,威廉斯是一个坚定的社会主义信仰者,他全力支持解放全人类的社会主义革命。但与此同时,人文主义的视角使他以生活在现实世界之中的活生生的人为起点,关心他们在革命中的遭遇和体验。这注定他不会那么天真乐观地看待革命——他不可能无视或遗忘在革命进程中,还存在着混乱与无序、虚假与异化、灾难与痛苦等悲剧性经验。另一方面,自古希腊以来的漫长的西方人文主义传统使威廉斯深信,每一个人都应享有诸如平等、自由和尊严这些与人生重大关切紧密相关的权利。这里,人文主义情怀与社会主义信念合流,共同指向一个尽管多次陷入失败与失望

---

① 如立足于文献,对自由主义革命悲剧、社会主义革命、布莱希特作品的分析等。

的困境,但依旧值得为之奋斗、充满光明的、民主的、多样化的开放未来。所以面对革命悲剧,威廉斯没有唉声叹气,而是在深思熟虑后,呼吁人们要正视这一状况,努力参与革命以早日终结它。从他的革命实践来看,他也带着使命感与责任感,发自内心地盼望朝向希望之旅不屈不挠地继续前行。

　　进入 21 世纪,革命悲剧仍然在上演。在消费社会中,在"娱乐至死"的年代里,革命似乎愈加不可能,甚至连对它的谈论都成了奢侈的事情。然而,资本主义社会转嫁危机的做法仍在继续,各种悲剧性的无序状况仍在上演。面对各种危机和存在霸权的状况,没有可供栖息或躲避的乌托邦国度,人们必须选择如何生活。把良知和正义放在心间,对种种压迫和束缚加以抗争,为一个人们能在其中自我发展和自我完善的民主化社会努力奋斗。故威廉斯对革命悲剧的分析及反思,时至今日仍颇具意义。

第二章   现代文化现象剖析

第一节   波普艺术与电子游戏

波普艺术和电子游戏，两个看似并不相关的事物，都产生于 20 世纪 50 年代。在世界范围内，电子游戏经历了短暂的研发期之后，在 20 世纪末期则开始了迅猛的发展；而波普艺术在经历了 20 世纪 60 年代的黄金发展期之后逐渐陷入了低迷，虽然在 20 世纪 90 年代影响了一批中国艺术家，但在世界范围内，波普艺术的影响已不如往昔。尽管如此，我们在了解电子游戏的同时，仍然可以去探讨电子游戏中的波普艺术特征，用波普艺术的特征来观照电子游戏，以此来加深对电子游戏的了解。

一、波普艺术及其特征

（一）波普艺术

波普一词来源于英文中的 Pop，它是 Popular 的简称。我们所了解的，波普艺术诞生于 20 世纪 50 年代，产生波普文化的重要社会原因，首先在于第二次世界大战之后美国和西欧各国经济的快速发展使得人民生活水平大幅提高，与此同时的"婴儿潮"增加了消费的人口基数，成了消费的潜在力量。另外，生产者们为了促进消费，想方设法地制造出更多让消费者满意的商品，艺术作品也被卷入到了工业生产的过程中，文化由此真正成为大众的消费品。按照鲍德里亚的思路，这是从生产社会向消费社会的转变。而这种转变不同于以往那种简单满足基本需求的转变，而是在基本的需求得到满足之后所变成的符号性消费，人们在消费的时候除了商品的基本属性，更加关注商品背后的意义。波普艺术就是在这种背景之下产生的。

波普文化最早出现于英国，比较早的概念可以追溯到 1953 年到 1955 年发迹于英国的独立艺术群，这个群体研究的主要是科技对艺术的影响，高尚艺术和流行艺术之间的关系。群体以"大众流行艺术"为口号，成了波普艺术的前身。1956 年在怀特查佩尔美术馆展出的汉密尔顿作品《到底是什么让今天的家庭如此迷人》。这个作品中，汉密尔顿采用了一种拼贴的方法，融合了几乎所有当时人们常见常用的生活用品，向人们展示出了一幅极具现代性的生活场景。这个作品被公认为是波普文化的开端。1961 年美国纽约举行了集合艺术的展览，更使波普艺术渗透到了创作的各个领域，我们最熟悉的就是著名演员玛丽莲·梦露的多面图。此外，在建筑方面，文丘里、查尔斯摩尔等人同样受到波普艺术的影响，在建筑中力图诠释波普艺术的多元化表现。

(二)波普艺术的特征

很多人对波普艺术有过定义：（一）以日常生活中的商品和商业产品为题材的绘画和其他高雅艺术的门类。（二）以高雅艺术的形式来描绘大众文化中的图像，是高雅艺术对低俗艺术的模仿。[1] 但这些定义并没有抓住波普艺术的精神——它具有一种拒绝了传统艺术的题材，而且蔑视它的精神气质。题材方面，我们可以看到，商品、商标、广告、报刊、漫画甚至色情作品都可以用来当题材，实物也可以。风格方面，我们经常在波普艺术作品中看到各式各样的风格呈现，如果以风格来界定波普艺术无疑会给我们造成一些麻烦，因为波普艺术的精髓不在于风格，而在其内涵意义和精神实质。对此，沃霍尔就曾经说，在波普艺术中，"风格并不重要"。

汉密尔顿曾经对波普艺术下过定义，在这位波普艺术的主将看来，波普艺术是流行的（面向大众设计的）、转瞬即逝的（短期方案）、可随意消耗的（易忘的）、廉价的、批量生产的、年轻人的（以青年人为目标）、诙谐风趣的、性感的、恶搞的、魅惑人的、浮华的、商业性的。

随后出现的许多艺术家们则用不同的方式呈现着波普艺术，尽管他们

---

[1]　[美]杰米·詹姆斯：《波普艺术》，凌晨译，湖南美术出版社 2018 年版，第 5 页。

采取的方式有所不同,但从他们的作品中可以看出,波普艺术是一种能够迅速被大众所接纳并理解的艺术形式,同之前的"精英主义"艺术观的主张大相径庭。

　　思考波普文化,我们可以看出,它大众、亲民的特征,使得和它相关的艺术作品可以非常好地为人们所接受,几乎没有什么文化修养的人接受起波普文化来也没有什么难度;它"年轻人的、诙谐风趣的"特征则使得波普文化赢得了更多时下年轻人的青睐和关注。这种艺术形态降低了艺术的门槛,几乎让所有人可以通过波普艺术的形式初窥到艺术的门径。这对于文化和艺术的传播来说是件好事。

　　然而,波普艺术"随意消耗、恶搞的、魅惑人的、浮华的"特征则让这种艺术形式有着致命的缺陷。我们很多人眼中的艺术应该是美的、有技巧的、模仿自然的,并且要抒发情感、体现理性的,很多波普艺术的作品将这些艺术的准则统统打破。不仅如此,很多波普艺术作品中充斥着暴力、色情的因素。另外,波普艺术商业性的特征会使得很多艺术生产者们唯利是图,为了刻意迎合大众的需求而去创作一些没有思想深度和艺术深度的作品。从这个角度上看,波普艺术也没有逃过被商业化控制的命运。

二、电子游戏中的波普特征

(一)作为产业的电子游戏

　　电子游戏作为一个新兴产业,在国外的发展不过六十多年的时间,它是随着电脑的普及而逐渐进入大众视野的。最早有记录的电子游戏是1952年诞生的井字棋游戏(Tic-Tac-Toe),当时这款游戏仅运行在真空管的计算机上,并没有投放到实际中来。20世纪70年代,电子游戏正式作为一个产业,陆续在日本、美国等地建立起了相关基地;从20世纪80年代开始,电子游戏的发展逐渐进入了快车道,《超级玛丽》《俄罗斯方块》《最终幻想》等游戏陆续推出,许多电子游戏的销量突破千万,有些优秀的电子游戏销量甚至过亿,这极大程度上推动了电子游戏的发展。

　　中国的电子游戏发展起步较晚。由于网络条件和电子计算机条件的限制,我国的电子游戏在20世纪90年代才开始逐渐发展了起来。当时在中国流行的国外电子游戏主要有《超级玛丽》《俄罗斯方块》《大航海时代》

及其他一些欧美、日本等电子游戏开发商生产的电子游戏。而本土原创的电子游戏也以此为契机不断发展。比较重要的主要有 1994 年由金盘公司研发生产的单机游戏《神鹰突击队》，这是中国大陆的第一款国产游戏；1995 年大宇公司发行的经典游戏《仙剑奇侠传》；1997 年西山居发行的单机游戏《剑侠情缘》；等等。这个时期在市面上流行的电子游戏，可以说是国外和国内游戏并行。中国的电子游戏虽然起步比较晚，但发展的速度还是非常快的。当时，国内的电子游戏完全可以和国外的电子游戏抗衡。

进入 21 世纪，随着互联网的高速发展，作为电子游戏的重要组成部分的网络游戏异军突起。2000 年，《万王之王》正式发行，随后，网络游戏如雨后春笋般快速发展。2001 年由华艺代理的网络游戏《石器时代》正式上线，取得了不错的成绩。2002 年，盛大代理了网络游戏《热血传奇》，该款游戏大获成功。据统计，当时中国网民不足 6000 万，而《热血传奇》的注册用户就达到了 7000 万。随后《魔力宝贝》等游戏同样表现不俗。在这一时期，中国的网络游戏主要情况是国内外网络游戏同时发展，但主要趋势逐渐向国内公司代理国外游戏转变，这种转变从另一方面反映出国产游戏行业缺乏创新的现状。

电子游戏的快速发展又催生了电子竞技。从 20 世纪 90 年代开始，电子竞技已经逐渐成为欧美和韩国等一些发达国家的重要产业，电子竞技在韩国甚至一度成为能和汽车业相媲美的产业，发展前景由此可见一斑。

此外，电子游戏在 21 世纪的头十年之后又有了新的发展形式，最明显的就是智能手机游戏的发展。随着智能手机配置的不断提升，一些过去只能在 PC 端运行的游戏慢慢地成为人们安装在手机中的游戏，如《王者荣耀》《QQ 飞车》《绝地求生》等。

（二）作为艺术的电子游戏

电子游戏中的艺术被称为"第九艺术"，这个称呼一直以来有争议，但从游戏中的审美内涵和文化内涵来看，是可以将其归为一种艺术门类的。对于电子游戏，现在越来越多的人在研究。欧美各国对于电子游戏的研究开始得比较早。从 20 世纪 80 年代就有人开始对电子游戏的审美问题进行研究。发展至今，电子游戏的研究在国外已经基本确立了艺术的身份，转向了自身艺术属性的本体研究。而在国内，这种研究还相对滞后，很多研究还围绕在"电子游戏到底是不是艺术"，以及为电子游戏下定义，梳理电子游戏特点的层面。造成这种情况有很多原因,比如和我国电子、网络、游戏产业的发展滞后的情况相关,比如和我国社会对于电子游戏的消极态度有关,这种情况在近几年的研究中有了很大的改观。

在国外,电子游戏从 20 世纪 80 年代就受到了一些学者的关注,从 Buckles Mary Ann 在 1985 年写下第一部关于电子游戏的论文《交互小说:电脑故事游戏"冒险游戏"》开始,欧美有越来越多的学者开始关注电子游戏,并开始撰写相关的研究论文。这些论文已经开始将电子游戏作为审美对象加以研究。"欧美国家开始对电子游戏进行严肃的审美关注,其研究大致分为三个维度:一是从文学理论视野对电子游戏进行审美探讨;二是创立游戏学;三是从艺术哲学角度考察电子游戏。"[①]经过三十多年的研究,欧美学者研究电子游戏在深度和广度上都已经达到了一定的水平。

(三)电子游戏中的波普特征

波普艺术源于欧美,电子游戏亦然。在 20 世纪 50 年代消费至上的商业社会中,电子游戏从出现开始就沾染上了那个时代的特点,我们之前探讨了汉密尔顿对于波普艺术的定义,以此来观照电子游戏,会发现波普艺术的很多特征,放在电子游戏上面依然适用。

首先是大众、亲民的特征。现在市面上流行的电子游戏,基本都有这种特征。这些游戏易上手、易于被不同年龄段的玩家接受。对于枪战类游戏这个特征尤其明显,从《CS》到《穿越火线》再到《守望先锋》,这些游戏画面精良,操作简单,易于上手,并且可以很容易地达成一些游戏中的击杀任务,游戏时间相对较短,一局游戏大概十几分钟的时间。又如风靡全国的 MOBA 手游《王者荣耀》来看,这款游戏曾经一度成了一款现象级游戏,根据中国报告大厅(www.chinabgao.com)在 2017 年 10 月做出的统计,截止到 2017 年 5 月,这款游戏渗透率达到了 22.3%,用户规模达到了 2.01 亿人,日活跃用户均值为 5400 多万人,每日新增用户数量为 174.8 万人次,在节假日期间更为明显。这些游戏的大热充分说明了游戏具有的大众、亲民的特点。

波普艺术具有的"年轻的、诙谐幽默"的特点则在游戏领域有更明显的体现。据观研天下的整理统计,移动游戏核心用户日益年轻化,截止到

---

① 吴玲玲:《从文学理论到游戏学、艺术哲学》,《贵州社会科学》2007 年第 8 期,第 87 页。

2016 年底,国内移动游戏的用户之中,25 岁以下的用户占据了 38.1%,同比增长 4.1 个百分点,00 后和 90 后的比例也在同步增长,25—35 岁的用户比例达到了 40.3%,目前是移动游戏的第一大用户群。以《王者荣耀》为例,据统计,24 岁以下的用户已经超过了 52%;根据《北京晨报》的统计,游戏中 15—29 岁的玩家是游戏的主力军,占据了 75% 的市场。这些数据充分体现了游戏年轻化的特征。需要注意的是,在统计中,小于 14 岁的玩家也接近了 4%,防沉迷的问题现在已经被提上了日程。在"诙谐幽默"方面,许多市面流行的,或者曾经流行的游戏,如《大富翁》《石器时代》《魔力宝贝》《梦幻西游》等游戏,人物造型是以可爱轻松为主的,游戏的基调也十分诙谐,里面充满了很多幽默有趣的元素,这些游戏也吸引了许多女性玩家的加入。

　　波普艺术"随意消耗、恶搞的、魅惑人的、浮华的"负面特征在游戏中同样十分明显。随意消耗方面,游戏的制造厂商为了赚取短期资金对于游戏制造资源的消耗存在很多不良现象,例如恶搞的,许多游戏歪曲历史,不尊重历史事实;魅惑人的、浮华的,只是重视表面的画面,而忽略了游戏中的文化内涵。现在的游戏中,审美的内涵少了,随意和恶搞的内涵多了,纯美欣赏的观念少了,迅速取悦大众并快速盈利的观念多了,这些都不利于电子游戏的长远发展。

　　如果仅仅是用波普艺术的定义去套游戏艺术就过于简单了。我们知道,许多西方现代的艺术流派是互相影响的,比如毕加索就受到当时表现主义、印象主义、立体主义等多种艺术流派的影响,甚至还进行过野兽派和拼贴画派的尝试。波普艺术中也融合了不同艺术的特点和风格。其实,波普艺术看似杂乱无章,其实是因为其丰富的融合性造成的。我们从这个角度上去看游戏艺术,可以发现游戏艺术之中融合的因素也非常多,不仅仅是在画面上,这种融合性还表现在,为了表现一个画面和场景,游戏艺术运用了一系列的系统来刺激我们的感官,比如除了画面以外,现在大多数游戏运用配乐的方法来和画面结合起来,从而让我们获得更加完整的游戏体验。我现在还记得《仙剑奇侠传》中充满中国风的音乐,《魔兽世界》中还特地邀请了世界级别的作曲家为背景音乐作曲。仅仅是这样还不够,在游戏人物使用技能进行攻击时,还会有与之相符合的音乐,比如《炉石传说》中,除了舒适如酒馆的背景音乐之外,每一张卡牌在出场和进攻时都有属于自己的声音。

总而言之,电子游戏和波普艺术产生的时代充满了后现代的特征,后现代"打碎艺术和其他人类生活的种种界限,诸如商业性娱乐、工业技术、时装和设计、政治等等,它也鼓励作家、画家、舞蹈家、作曲家和电影制作人打破专业界限,以混合媒介生产和表演来工作,这就创造出各种更丰富和更多元化的艺术"①。正是在这个相同的基础上,电子游戏和波普艺术呈现出相似的一面。

三、电子游戏与波普艺术的差异

(一)反叛与迎合

电子游戏艺术和波普艺术尽管都有较强的大众艺术的影子,都尽可能地亲近大众,但二者在精神特质上的区别是很明显的。波普艺术反叛和蔑视的态度几乎是一以贯之的,叛逆的因素始终贯穿在波普艺术的发展中,这是因为波普艺术受到了达达主义的影响,"对主流意识的反叛以及对生活和艺术行为界限的抹杀,这成了后来波普艺术产生的精神支柱和理论依据。"②尽管沃霍尔等人在艺术生涯晚期被尊为大师,被给予很高的地位,波普艺术的风格甚至一度融入了主流,成为欧美美术学校的必修课,但无论是当时的艺术家还是后世的艺术家们多多少少都受到波普艺术这种叛逆精神的影响,其中最鲜明的莫过于辛迪·舍曼和后来的涂鸦艺术大师基思·哈林。

反观电子游戏艺术,如果说从一开始的研发还是带有尝试的意味,那么基本在度过了这个简单的阶段之后就直接开始迎合大众的需求。电子游戏业界经常流行着一句话:"没有人玩的游戏不是好游戏,无论你自己以为做得多么好。"电子游戏的研发必须迎合玩家的喜好才能成功。现在许多游戏公司,在研发一个游戏之前一般都要去进行周密的市场调研,去了解玩家有什么期待,喜欢什么样的人物风格,对电子游戏中的任务和奖励有什么要求,等等;游戏的研发人员在研发出来游戏之后还要进行大量的测试,不仅仅包括对于游戏性能是否稳定的测试,还包括玩家对于游戏反馈的评价测试,设计者和研发者们现在越来越注重这一点,而不是抛开一

---

① 周宪:《现代性与后现代性》,中山大学出版社 2004 年版,第 55—56 页。
② 王欣欣:《波普艺术的美学研究》,中国纺织出版社 2018 年版,第 13 页。

切盲目地设计、研发游戏。单方面冒险去寻求创新可能会偶然成功，毕竟不如通过大量的游戏市场调查之后再做决定来得稳妥。

(二)艺术与商业

从前文反叛与迎合的过程中，我们可以发现其深层的原因。

波普艺术的精神特质很大程度受到达达主义的影响，许多波普艺术的作品在表现方式上面都是以绘画、雕塑、建筑等传统艺术方式呈现出来的，是以一种艺术去反对另一种艺术。尽管"对于一场先锋运动来说，没有什么比变得体制化更加致命"[①]。但波普艺术和很多艺术形式一样，一开始是以反主流的标新立异而自居的，在纳入体制之后才考虑到赚钱的问题，而且并不是所有的艺术形式都能经历这个过程。归根结底，波普艺术经历的是先艺术后商业的过程。沃霍尔的《毛主席》的波普画像卖出9000万港币，这还是2017年的事情。

在这一点上，电子游戏和波普艺术不同，它的商业性决定了它必须从一开始就要把盈利放在极其重要的位置上。最典型的例子是任天堂公司。关于任天堂公司，稍微对电子游戏熟悉一些的玩家应该都不会陌生，这个成立于1889年的老企业，在20世纪50年代开始转型，从生产纸牌、玩具逐渐转变为电子游戏的生产，并取得了巨额利润。不可否认对游戏的热爱是研发游戏的动力之一，但最为根本的还是商业利益的驱动。"2017年6月2日消息，据彭博社报道，从伦敦风投公司Atomico发布的最新报告显示，2016年全球电子游戏收入超过了1000亿美元。其中拥有6亿玩家的中国为此贡献了246亿美元，并超过了收入241亿美元的美国。2017年全球游戏行业的收入预计将达到1090亿美元，手游依旧成为未来发展的重心，42％的收入将来自手游。截止到2020年，全球游戏行业收入将达到1290亿美元。"[②]回顾电子游戏发展的历史和现状，我们不难发现其巨大的经济价值，单就这一方面来说，这是包括波普艺术在内的任何艺术形式都无法比拟的。

---

① ［美］杰米·詹姆斯：《波普艺术》，凌晨译，湖南美术出版社2018年版，第23页。
② 《2016年全球电子游戏收入超1000亿美元 中国贡献246亿美元》，站长之家，http://www.chinaz.com/game/2017/0602/715033.shtml。

(三)欣赏与体验

电子游戏和波普艺术尽管都需要欣赏与体验,但是两者的侧重点有所不同,波普艺术侧重于欣赏,而电子游戏侧重于体验。

波普艺术是在传统艺术的层面上进行了突破和创新,无论是用自行车轮来进行创作,还是用拼贴画的形式去表达思想,波普艺术的许多艺术作品都给人以强大的视觉冲击。我们许多熟悉的波普艺术作品是利用广告的拼贴画来完成的,而波普艺术作为极具视觉效果的艺术流派,本身也影响了视觉传达设计、环境艺术设计和工业产品设计,除了广告的宣传画、商品的外包装设计之外,我们在园林设计、服装设计,以及许多大品牌的箱包首饰上也可以看到波普艺术的影子。从波普艺术的作品本身,再到它对艺术的影响来看,首先应该是基于视觉欣赏的。

而电子游戏则不然。这里并不是说电子游戏不需要欣赏,众所周知,电子游戏具备传统艺术的特点,这是因为其自身是由音乐、图画构成,在表现形式上面和传统艺术有相似的地方,比如,电子游戏中有许多游戏是有比较完整的剧情链条和任务设置,这其中就具备了传统艺术的叙事功能,如角色扮演类游戏《仙剑奇侠传》《剑侠情缘》等。另外,电子游戏本身具有和电影相似的图像性。绝大多数的电子游戏是以动态图像的方式来呈现的,随着科技的不断发展,电脑和网络能够很好地配合游戏本身进行图像的动态表达,许多电子游戏中运用了摄影的技巧,如在游戏中使用跟拍、闪回等技巧来进行表现,许多游戏还在开场的 CG 和游戏中间加入动画片段,给人以很强的画面感。但是,这并不代表电子游戏能和传统艺术画上等号。在电子游戏中,体验是最重要的,他让每个玩家与游戏中的其他玩家进行互动和交流,从中得到现实生活中难以感知和体验到的东西,我们"在游戏里面得以展现自我、得以彼此互通、得以建构起种种复杂而多样的群体性关联。"[①]

在西方,有许多关于艺术游戏理论的阐释。当然,在许多理论学家口中的游戏和现在电子游戏是不同的,但是他们的理论却成了日后阐述电子游戏的理论基础。康德认为,艺术、自由和游戏应该是紧紧联系在一起的,康德在《判断力批判》中曾指出,游戏"是人类的一种纯粹主观、绝对自由的

---

① 姜宇辉:《玩是谦恭,不是解放——作为控制、反制与自制的电子游戏》,《探索与争鸣》2019年第 4 期,第 86 页。

感性愉悦的活动"①。在席勒看来,人是具有游戏的本能的,"在形式冲动和感性冲动之间有一个集合体,这就是游戏冲动,因为只有实在与形式的统一,偶然与必然的统一,受动与自由的统一,才会使人性的概念完满实现"②。在伽达默尔看来,"游戏是艺术作品本身的存在方式",他并不认同康德和席勒将人视为游戏主体的观点,而是认为游戏之所以成为游戏,是因为大家能够遵守游戏的规则,游戏本身的规则是首要的,它本身是可以自觉运行的。尽管如此,他并没有全然否定观众,"只有观众参与游戏才能获得完满的意义"。因此,"游戏的主体不是游戏者而是游戏,但游戏又需要游戏者的参与才得以表现"③。无论是康德、席勒,还是伽达默尔对于游戏的定义,游戏都少不了玩家的参与,只不过不同的研究对于"游戏与人"的侧重点不同罢了。电子游戏之所以能吸引如此多的玩家,产生巨大的影响,关键在于它的交互性。"电子游戏的互动是以玩家与计算机的互动为基础的,这是一种'人机互动'在电子游戏软件中的实现……玩家与游戏的互动,就是作为信息主体的玩家与作为媒介的游戏之间的信息交换过程……电子游戏互动性最引人注目的就是玩家与玩家的互动,在日趋完善的在线交流技术保障之下,玩家在游戏世界中建立无数个不同类型、不同功能的游戏社区,成为其在虚拟世界中与其他玩家进行人际交往的平台和空间。"④在开始接触电子游戏的时候,我们注意到的是人机互动,在人机互动的基础上形成了人与游戏互动的观念,随着网络的发展,电子游戏更多地以一种人与人互动的模式呈现出来,全世界的玩家们可以在同一时间共同体验游戏。互动性已经"成为最重要的媒介要素,广度和深度是以往任何媒介都尚未实现的,这也是电子游戏,尤其是在线互动性游戏如此引人注目的重要原因"⑤。

四、结　语

综上所述,电子游戏中所具备的波普艺术特征,可以让我们更好地理

① 朱光潜:《西方美学史》,人民出版社 1964 年版,第 384 页。
② [德]席勒:《审美教育书简》,冯至、范大灿译,北京大学出版社 1985 年版,第 77 页。
③ 鲁红梅:《艺术的存在方式——伽达默尔的"游戏"概念》,《设计理论》2014 年第 9 期,第 158 页。
④ 关萍萍:《互动媒介论》,浙江大学出版社 2012 年版,第 6—7 页。
⑤ 同上。

解电子游戏这个新兴事物的特点，对电子游戏有更加清晰的认识，波普艺术中冲破传统教条束缚、不断创新的精神是电子游戏应该借鉴的。电子游戏因其自身具有独特的价值而引领了时代的风潮。我们对于电子游戏的研究还停留在过去对于康德、席勒或者赫伊津哈的游戏理论的简单分析和应用上，但殊不知他们那时的游戏理论，我们虽然可以运用，但不能完全套用，因为无论是社会环境还是科技水平都发生了比较大的变化，我们就不能单独从纯理论的维度来分析现在的电子游戏而不加变通。此外，很多电子游戏的研究仅仅停留在"游戏"这个层面，稍微进一步则是"电子游戏"这一层面的研究，但和很多研究一样，仅仅是考虑这一客观存在的事物，而忽略了操作该事物的主体，以及该主体生存着的社会环境，这样的研究无疑是不完整的、片面的。

电子游戏的产业正在快速发展，对中国经济的推动作用是巨大的，前景是光明的。然而，我们需要面对的事实是，市面上流行的大型游戏几乎都是外国公司开发设计的，如《英雄联盟》是由美国 Riots Games（拳头公司）设计开发的，《魔兽世界》《炉石传说》《守望先锋》等游戏是由美国 Blizzard（暴雪公司）研发的，等等。这在我们中国自身游戏的原创性上提出了要求。在我们中国自己研发的游戏中自然不乏上乘之作，但还是不时地出现因为过分商业化而忽略对游戏本身的关注的现象。许多电子游戏仅仅以娱乐为主要目的，而不顾作品本身的内涵，甚至有许多游戏中充斥着大量暴力和色情的元素，仅仅为寻求感官的刺激。我们不禁要发问：当游戏中娱乐的意义被耗尽，游戏作品本身还能剩下什么？这是我们应该警惕并引以为戒的。

另外，在理论研究方面，在 21 世纪的头十年中，我们的研究对于电子游戏的认识还比较欠缺，而近些年来，越来越多的学者开始关注电子游戏本身的价值，用传播学、符号学等理论来阐释电子游戏中的元素，还有学者越来越多地关注电子游戏本身运行的机制。希望通过对电子游戏的理论挖掘可以和电子游戏产业本身的发展形成良性互动，电子游戏产业在我国获得更好的发展。

第二节　从网络游戏《魔兽世界》
看全球对话主义

一、《魔兽世界》在全球范围的传播

《魔兽世界》是一款有世界影响力的网络游戏,由暴雪公司研发。2001年,暴雪公司决定以魔兽系列游戏为蓝本,研发一款大型多人在线的角色扮演类游戏——《魔兽世界》。经过三年的努力,该游戏于 2004 年在北美地区公测,一年后在中国公测,随即风靡全球。至今,《魔兽世界》仍然是许多网络游戏的制作原型和效仿对象。

截止到 2013 年 12 月,在世界范围内,《魔兽世界》的注册账号数量已经超过了 1 亿,在线付费人数达到了 1200 万,这些用户遍布世界各地,虽然玩家主要集中在亚洲、欧洲和北美地区,但游戏受众已经遍及全世界 224 个国家和地区。《魔兽世界》引起了全球效应,一方面,游戏的背景十分庞大,而根据游戏内容撰写的系列小说在全球大卖,相关的电影《魔兽》也在 2016 年上映。游戏中宣扬合作、勇气、人性的观念,沉浸在其中的人文关怀已经超出了游戏本身,影响了一代人,遍布到了世界范围。

纵观魔兽世界的发展,从单机 PC 的魔兽争霸系列,到多人在线游戏,再进行全球范围的传播,是从地域到全球传播的典型例证。虽然在《魔兽世界》推出之前,作为 PC 游戏的魔兽争霸已经在世界范围内有了很大的影响,但是网络游戏的传播则是更高层面上的。它不仅仅是这个游戏从欧美传播到了亚洲,还在于世界各国的玩家可以在网络上共享这款游戏。

另外,暴雪公司对于《魔兽世界》的运营策略也是具有全球眼光的,针对不同的海外市场采取了不同的运营策略。亚洲市场采取了授权代理的策略,使外国游戏进一步适应中国本土,而对于欧美市场则采取了自主运营的策略,以使得游戏更好地融入西方的游戏市场和文化世界中。《魔兽世界》的传播为暴雪公司带来了丰厚的收益,2017 年暴雪公司就对外宣称,网络游戏《魔兽世界》在全球的总收入已经超越 100 亿美元。而这已经是三年前的事情了。此外,2019 年,《魔兽世界》怀旧服的开放更是让这款游戏焕发了新的生命力,根据 SuperData 的数据,《魔兽世界》在 2019 年 8 月份的收入进入了榜单的前三位。可以说,这款游戏是让暴雪公司真正进入世界网络游戏的市场中去的。

《魔兽世界》在全球范围的传播引发了热烈的讨论,有人将这种传播看作一种营销霸权,认为在这种营销霸权中,“资本是基础,支撑着营销技术的发展以及话语暴力和文化暴力的运作;营销技术是工具,可将资本转化成暴力;而暴力是营销霸权的最终表现形式,它积累着经济资本和符号资本,推动着资本不断扩张”[1]。而也有人认为这种传播是良性的,通过“人际传播、公关传播、广告传播、文化传播运营”让以《魔兽世界》为代表的暴雪公司游戏深入人心。[2] 而应当注意到的是,全球化发展至今,很多问题并不是非此即彼的,有些话题成为世界性的话题,它们交织在一起形成了复杂的问题链,如果我们总是抱有一种二元对立的态度来看待它们,许多问题是无法得到满意的解决方式的。

二、《魔兽世界》中的元素

(一)全球元素

《魔兽世界》作为一款在世界范围内流行的游戏,其推广是和它建立起“基于某一品牌的消费者之间一整套关系的专门化和非地域性社群”分不开的。[3] 暴雪公司对于社群打造十分重视。最初的《魔兽世界》只是一个单一的客户端,推广和传播战略的升级,“战网”将暴雪公司旗下的诸多游戏整合在了同一个操作界面中。在这个界面中,我们可以在左侧的竖排界面找到暴雪公司旗下的游戏,如《魔兽世界》《暗黑破坏神》《守望先锋》等。而如果社群整合仅限于此,那么便没有什么实际的意义。在界面上方的横排,我们可以发现除了“游戏”这一选项,还能获得和游戏相关的其他信息,诸如“社交”“商城”“新闻”等信息。在这些内容之下还有不同游戏的专门

---

① 蒋旭峰、何敏杰:《网络游戏营销霸权及其传播伦理反思——以〈魔兽世界〉为例》,《当代传媒》2013 年第 4 期,第 68 页。
② 李浩:《暴雪游戏公司品牌传播研究》,《西部广播电视》2017 年第 12 期,第 54 页。
③ 徐雷:《网络游戏的营销策略研究》,《管理观察》2009 年第 12 期,第 253 页。

内容可供查阅。品牌社群的出现将所有与游戏相关的内容整合了起来,更利于玩家了解到游戏的相关情况,也便于游戏在世界范围的传播。

除了有上述宏观意义上的品牌社群,在《魔兽世界》中还存在着另一个意义层面上的社群——工会系统。在现实生活中,工会作为一种组织并不是古来有之,而是在西方工业革命发生后,随着资本主义商品经济生产方式的产生和确立出现的一种以劳工为主体的组织形式。[①] 而游戏中的工会则是以玩家为主体的一种组织形式,工会的建立离不开玩家的参与。在这一点上,游戏的工会和经济社会中的工会有相似之处。它们建立的目的和所要进行的活动是截然不同的:西方社会中的工会要代表劳动者和雇主进行谈判,逼迫政府和雇主在工资条件、福利保障方面做出让步;而游戏中的工会则是为了成员共同完成任务,交流游戏经验和心得体会,并共同征服副本中的 BOSS 的目的而存在的,在现实社会中也只是起到了一个作为沟通玩家的媒介的作用。但无论如何,工会的概念已经深入到了《魔兽世界》等有世界影响力的游戏中,让玩家在这样的社群中体验游戏的乐趣。除了工会机制外,交易机制、水陆空的交通联动机制、共同协作的副本机制也是全球化的社会生活方式在游戏中的投影。

(二)民族元素

《魔兽世界》并不是全球文化的大杂烩或者一锅炖,在游戏中充满了丰富的地方和民族元素。在游戏中的十三个种族中,每一个种族都有相应的背景和文化,而这些文化在该种族的建筑风格、人物外貌,甚至在语言上都有着充分的体现。在十三个种族中,除了人类这个种族是以身材健壮的欧美人为原型之外,其他的种族几乎都带有奇特的异域色彩,如虽然矮小但健硕的矮人族取自北欧的神话故事,除了身材矮小,特征和普通人类无异,而他们豪爽、酗酒的特征又让我们联想到俄罗斯人;又如从暗夜精灵身上我们可以看到的凯尔特元素:德鲁伊教。凯尔特人本是欧洲大陆的原住民,之后被罗马人和哥特人驱赶到了英伦三岛。他们的主要特点是文身、德鲁伊教及橡树崇拜。此外,牛头人种族的图腾崇拜和他们赖以生存的广袤平原,则让我们看到北美印第安人的影子。

而在这些种族中,最让中古玩家印象深刻的莫过于《魔兽世界:熊猫人

---

① 王东昱、刘彤:《西方工会理论的发展及其对我国的启示探析》,《中共党史研究》2012 年第 11 期,第 112 页。

之谜》这个资料片中对于东方文化的解读。熊猫人的形象早在暴雪公司的游戏《魔兽争霸》中就已经出现,最初的熊猫人只是一个会功夫的中立英雄——熊猫酒仙。这个英雄形象最初是以功夫明星成龙及中国的国宝大熊猫为原型塑造的。2012 年年底,《魔兽世界:熊猫人之谜》的资料片正式在世界范围发行,这个资料片最大的特点就是运用了大量的中国元素,当然很重要的一个原因是出于暴雪公司对于中国市场的考虑。然而,并不像我们现在看到的很多游戏或者电影,为了迎合中国市场而强行植入中国元素,最后不好收场。暴雪公司的游戏设计者们并没有仅仅因为顾及中国市场而忽略了全世界玩家的游戏体验和审美要求,他们采用的方法是:围绕"熊猫人"这个新的种族而创建了一段和中国历史紧密结合的游戏历史,并且把这段游戏历史合理地融入整个《魔兽世界》的历史中去。熊猫人的出现是一个异域的表征,熊猫人代表着东方的中国人。在游戏中,熊猫人被刻画成一个热爱和平的民族,但是他们一生都将自己隐藏在迷雾之中,与世无争。当被邪恶势力入侵之后,他们毅然站了出来,为保护自己的家国而战。而《魔兽世界:熊猫人之谜》中的东方形象,并不仅仅是以中国人为原型,为我们量身打造的,更是向世界所有玩家呈现的。"熊猫人这个角色不止带有一般意义上的地域化与民族化的特征,而且还带有针对性的民族化的特征,即针对经济日渐强盛的中国玩家,以及对中国越来越感兴趣的世界范围内的玩家。这个新角色与新职业既继续拓展了游戏内容,又丰富了多元的民族文化。"[1]

三、《魔兽世界》与全球对话主义

全球对话主义是一种对于现代性和后现代性的扬弃和超越,它承认这两者的存在,但在这个基础上进行了批判性的继承。一方面,它认识到了贝克等后现代主义者的"全域"理论对于个体性的抹杀,以及汤姆林森、温特等后现代主义者理论中的矛盾;另一方面,它认识现代性研究中"文化个体作为'民族'的存在"[2],全球对话主义本身也是在不同理论的对话之中产生的。

---

① 周智娴:《〈魔兽世界〉游戏角色造型的民族化风格》,《院校风采》2013 年第 12 期,第 133 页。
② 金惠敏:《全球对话主义》,新星出版社 2013 年版,第 13 页。

（一）全球化与民族性的融合

游戏中的民族元素体现了对话的一个方面——"不可通约性或他者性"，而游戏中的国际元素则体现了对话的另一个方面"共同性、普遍性、话语性的意义趋向"。① 全球化和民族性看上去是矛盾的，但我们现在面对的恰恰是这种矛盾，在这种悖论形成的张力之下，以这款游戏为代表的网络游戏体现出了经久不息的魅力。罗伯特森曾说过，全球化"其核心动力学包含了普遍的特殊化和特殊的普遍化这一双重的过程"②。

尽管《魔兽世界》在世界上的运营方式有所不同，有些是直接使用暴雪公司的服务器，有些则像中国是用代理商的服务器，但这并不代表这种文化间性不存在。事实上，除了中国的服务器外，我们口中的"欧服""亚服"和"美服"是可以任意选择的，同一款游戏在不同的国家和不同的文化中，人们对待游戏的方式完全会因为各自文化的不同而发生变异。而这种民族性和差异性则是在游戏界面、游戏内容没有什么不同，即游戏的全球化传播的大背景之下进行的。

《魔兽世界》的成功有很多原因，然而之前的研究很多都是停留在游戏本身，而没有上升到文化的高度。其实，之所以该游戏会获得成功，就是因为国际与民族元素的完美融合。这里的融合是一种和谐统一的状态，而不是勉强加入某些元素来拼凑而成的。电子游戏的发展日新月异，在全球化的今天，对于它的研究绝不应该仅仅停留在游戏本身的分析。另外，也有学者将中国电子游戏产业的发展无法影响世界归咎于没有"中国特色"，或者缺乏"民族特色"，这种分析都是有失偏颇的。"中国作为全球性大国，应当为'全球意识形态''全球知识'做出贡献，而不仅仅以守持'中国特色'而满足。"③这么看来，我们中国的电子游戏产业也应该抱有一种"全球对话主义"的态度，摒弃这种中西文化二元对立的思维，因为它"是一种将中华文化仅仅限制在特殊层次上的思维，而不知道既往的中华文化既是民族的，也是世界的，既是历史的，也是当代的。即是说，不知道中华文化既是特殊的，也是普遍的，是全人类的共同财富"④。

---

① 　金惠敏：《全球对话主义》，新星出版社 2013 年版，第 2 页。
② 　Roland Robertson：*Globalization：Social Theory and Global Culture*，Sage1992：177-178.
③ 　同①，第 3 页。
④ 　金惠敏：《关于中西文化二元对立观念的讨论》，《中国图书评论》2017 年第 7 期，第 18 页。

(二)现代性与后现代性的融合

现代性是一种主体性哲学,是建立在笛卡尔哲学对于主体的强调的基础上的。后现代性是胡塞尔在意识到这种主体性哲学的缺陷后,提出了"主体间性",它强调一种主客融合,追求一种悬置外界干扰的直观,在这种直观之下寻求本质。在这个基础上,全球化就形成了:它融合了现代性中的主体意识,这种主体意识强调去追求终极的、普遍的真理;同时结合了后现代性中的他者意识和批判意识,后现代那种多元、包容、流动不居的特征在全球化的过程中显露无遗。

《魔兽世界》的游戏世界中,我们同样能感受到现代性和后现代性融合之下的全球对话。在游戏中,我们会扮演一个角色、一个种族、一个职业,依靠自己的努力去赢得自己的身份,如获得金币、提升等级、学习职业技能、完成任务等,对于自主性的强调让玩家通过游戏获得了巨大的乐趣;与此同时,这种主体性往往会融入一种主体间性中去,我们在游戏中会发现,很多任务是我们自己无法完成的,需要向他人求助,有时是言语上的询问,有时是行动上的组队,而一些高级的副本则需要五人、十人甚至几十人共同完成,我们将自身融入游戏的时候,也是融入他人中去的过程,我们需要和他人配合,揣测他人的行为、意图和想法——主体间性就这样产生了。而倘若将自我看作他人的参照,那么这种被"他人化"了的自我会和他人产生他者间性。来自不同文化的人在互相影响的过程中,在游戏中文化融合的体验中会对文化产生新的认识,即便是游戏中的文化是自身的文化,这种文化也是被他者观照之后的文化,文化间性就形成了。

全球对话主义是一种对现代性和后现代性的超越,它结合了对现代性的主体个体性的升华,以及对后现代的全球化概念的反思;它强调民族国家之间的对话,从主体间性上升为他者间性,再到文化间性,在对话中不断改变、不断反思。全球对话是一个动态发展的过程,不会停止,也不可能停止下来。倘若差异存在,交流存在,那么这种对话也会一直存在。

四、结　语

第42次《中国互联网络发展状况统计报告》显示,截止到2018年6月,中国的网民规模达到了8.02亿,手机网民规模也已经达到7.88亿。在

2018 年 1—5 月,网络游戏(包括客户端游戏、手机游戏、网页游戏等)业务收入 743 亿元,同比增长 24.5%。但是与此相对的,则是游戏产业创新能力的不足。我们并不是无法研发出受本国人欢迎的游戏,市场上《梦幻西游》《剑网 3》等游戏,如果从本国的影响角度来说是非常成功的,玩家也有不少。但是,我们自主研发的游戏却少有在世界产生强烈的反响。随着国内网游市场增速的放缓,只有进一步发展海外市场才能促进中国网游行业持续快速发展。有人建议,出口到国外的网络游戏应该具有浓厚的中国文化特色,这样才能够真正促进中华文化在海外的传播。诚然,一个网络游戏中理应包含着发出国本国的文化因素,但文化的差异必然会导致接受国在接受他国文化的时候出现一系列的问题,倘若一味地在游戏中渲染本国文化而对世界各国文化忽视不理,那么至少到现在来看,这样的网络游戏是不会成功的。

《诗经》有云:“靡不有初,鲜克有终。”国内很多电子游戏一开始往往造势很大,非常热闹,但是到了最后只能勉强维持,甚至草草收场。对于网络游戏来说,我国现在市场上出现的营销方式可以说让很多企业获利不小,比如用收购、代理、合作等方式,收益很高,效益也不错,一些游戏已经在东南亚乃至世界范围打开了市场,但在很多人看来,属于中国本土游戏的自主创新力还有待提升。盈利的需求是必然的,但在这个过程中我们应该做的是通过对国外比较成功的网络游戏案例进行研究,在技术、文化及传播等方面吸取经验,做出真正有底气的产品。

同前文所说,中国的网络游戏开发应该在与全球网络游戏的对话中获得提高。并且这种对话也不应该仅仅停留在游戏本身,根据不同国家的具体情况,进行游戏运营策略、出口策略和全球市场方面的对话也尤为重要。全球对话主义同时也为全球网络游戏资源的整合提供了借鉴。如此一来,网络游戏的世界中包含的不仅仅是“让老外看得懂的中国文化”和“让中国人看得懂的外国文化”,更主要的是“让所有人看得懂的世界文化”。现如今,越来越多的经费被投入到了诸如游戏、电影、电视剧等娱乐大众的媒介中去。现在,每年有各式各样的游戏被研发出来,并投入到市场当中。然而,如尹鸿教授在评论电影、电视剧时所说的那样,我们每年制作大量的电视剧和电影,只有很少的一部分算作精良的作品。我国现阶段开发出来的各种游戏,尽管在数量上十分可观,但在质量上达到精品、走出国门的作品并不多,很大程度上还是在一定范围之内的自娱自乐。随着我国国家软实力的不断加强,我们需要做的不仅仅是自己内部的对话,更需要的是走出去和他人进行平等的对话。当我们真正走出去时就会发现,从策略层面、技术层面还是表达方式的层面,我们还有很长的路要走。所谓的"全球对话"并不只是说说而已,《魔兽世界》之所以成功,一方面是由于它在技术上当时走在了前列,而是当很多技术更加精良、画面更加优美的电子游戏出现时,《魔兽世界》并没有被它们淹没,反而保持了很长一段时间的发展和进步。虽然游戏的画面还是以西方世界为主,但如文中所说,其中不乏大量的异国元素,这就使得这款游戏变得更加多元化。除此之外,笔者认为最主要的是,虽然它的外壳还是西方的,但是它表现的是一种"人同此心,心同此理"的熟悉的情感,正是这种情感可以让我们在这款外国的游戏中产生共鸣。这一点,恰恰是我们所欠缺的。虽然一个故事的外壳看似是本民族的,但它要表达的情感却是世界上绝大多数人所共有的。只有这样,这个故事才能够打动人。从这一点上来看,我们的游戏发展仍然任重而道远。

第三节　球鞋文化:一种时尚休闲文化

运动鞋是根据人们参加运动或旅游的特点而设计制造的鞋子,由于主要是为了球类运动而设计的,很多人将其称为球鞋。球鞋最初的设计主要是为了运动员能够更好地适应比赛强度,但随着文化的发展和时代的变迁,现在球鞋自身的属性已经超出了它的功能价值和使用价值,形成了一种球鞋文化。20世纪八九十年代至今,球鞋文化在我国青少年中越来越流行,我们需要对这种文化现象进行认真审视。

一、球鞋文化的特征

球鞋文化的形成不是一朝一夕的事。1917年匡威帆布鞋面世,成为世界球鞋文化的起点,随后球鞋文化的发展则离不开篮球运动在世界的普及。20世纪20年代到40年代的篮球场几乎是匡威球鞋的天下,但这种垄断的情况在80年代被耐克打破。主要原因几乎众所周知,那就是迈克尔·乔丹和他的AJ一代的出现。一个文化现象的出现和发展有很多原因,表现为许多特征,球鞋文化的发展则主要体现为多元化和低龄化的特征。

首先是多元化的特征。这里的多元化,首先指的是现在流行的运动鞋牌子多、花样种类多。除了主要流行的耐克、阿迪达斯之外,还有彪马、背靠背、亚瑟士等运动品牌。其次,除了国外的品牌,还有诸如李宁、安踏、361等国产品牌。国内的球鞋品牌在近十几年中发展同样迅速,最为突出的是李宁和安踏两大国内运动品牌。在这两种运动品牌中,李宁由时装周主打的潮流系列受到了国内外很多潮流人士的欢迎,其发展也已经超出了球鞋文化的范围,形成了属于自己的时尚文化。此外,各种运动鞋的样式更是层出不穷,就拿耐克来说,其运动鞋的种类,除了主打的篮球鞋、足球鞋,还有运动休闲鞋、网球鞋、跑步鞋等等。

另一个特征是低龄化。现在运动鞋的受众越来越低龄,从大学生已经延伸到了中小学生,尤其是 Air Jordan 系列的运动鞋更是许多中学生甚至小学生的最爱。出现这种现象有很多原因,其中一个原因是公司的大力推广和媒体的推波助澜,互联网的普及让许多和球鞋相关的论坛不断涌现,球鞋爱好者们最熟悉的当属"虎扑论坛";另外,快速发展的网络直接催生了近几年比较流行的视频 APP,如抖音、快手等,这些软件利用自身成本低、传播快的特点,将许多球鞋的软广告植入其中,让很多接触互联网的青少年耳濡目染,从而推动了球鞋市场的繁荣。除了上述原因,球鞋文化的发展还和青少年及其父母的消费能力有关,这一点会在后文提到。

二、球鞋文化中的休闲与时尚

如果说在几个世纪之前,以手工为主的商品生产方式让许多产品还是处于供不应求的状态的话,那么随着商品被机械化的生产无限复制,许多产品已经处于供过于求的状态。这个时候,商品的使用价值就被削弱,消费者也不仅仅是要追求最基本的使用价值,他们的消费倾向正不断地向商品的文化价值和符号价值靠拢。"作为文化的人,我们都永远不可避免地沉浸在意义的海洋里,沉浸在我们称为'文化'的意义的公平交换之中。"[①]文化是一种用符号传达意义的人类活动,球鞋文化也是人类用以传达符号意义的一部分,其本身的意义在于它的休闲意义与时尚意义。

---

① [英]保罗·杜盖伊、斯图尔特·霍尔等:《做文化研究——索尼随身听的故事》,霍炜译,商务印书馆 2003 年版,第 14 页。

　　球鞋文化具有休闲意味。如果我们仔细研究即可发现,球鞋文化的流行和篮球运动在国际的传播和普及密切相关,我们熟悉的美国职业篮球联赛(以下简称美职篮)在 20 世纪八九十年代才在全世界范围内推广开来,其中迈克尔·乔丹功不可没,这里不再赘述。需要注意的是,美职篮从上世纪末推广到我国起,尽管赢得了许多球迷,但所谓的球鞋文化和篮球的世界性推广在我国其实并不同步。也就是说,球鞋文化在欧美已经发展了几十年,但在那时的中国并没有形成气候;归根结底,是和我国的经济发展和人民生活水平有密切关系。曾任美国休闲研究院主席的杰弗瑞·戈比教授说:"'休闲'一词本来有多重含义……这意味着,每个人在做完不得不做的事情之后,还会有时间剩下来。"①他在《你生命中的休闲》一书中从四个不同的语境出发来定义了休闲,这里不做赘述,但可以肯定的是,这样的休闲一定是和人在空余时间所爱好的活动联系在一起的。对于球鞋文化来说,还应该在这句话之外补充一句:每个人在达到基本生活水平之后,有剩余资金才能考虑购买球鞋、收藏球鞋。过去很多的爱好只对富有人群开放,但现在我们看到越来越多的百姓也在收藏绘画、文玩,甚至有些收藏品价格不菲,球鞋文化亦如是,它是在人们的生活水平达到一定程度之后才会大范围出现的休闲活动。此外,球鞋文化作为一种休闲文化,"往往包含有审美意象的创造和欣赏,而且休闲文化所展现的意象世界,往往是社会美、自然美、艺术美的交叉和融合"②。对于球鞋文化,这说明了一个问题:球鞋文化作为休闲文化的一类,它的归属和人们对于休闲活动所能赋予的满足感分不开。更重要的是,它能让人通过欣赏球鞋赋予的美感而产生一种精神上的愉悦。

　　球鞋文化同样具有时尚意味。一个事物、一类文化成为一种时尚,是由诸多因素合力促成的结果。拿西方流行的咖啡文化来说,咖啡从 9 世纪被波斯人发现,到 1651 年传入英国,经历了漫长的过程。③ 一开始咖啡仅仅是用来治疗某些精神方面的疾病,但到了现代,咖啡已经从单纯的饮品变成了社交的一部分,特别是在欧洲一些城市,如法国、英国,咖啡已经成为蕴含着丰富文化内涵的事物,成了一种时尚、一种文化现象。咖啡文化流行的某些方面同样可以给球鞋文化提供一些借鉴。球鞋最初的设计只

---

　　①　[美]杰弗瑞·戈比:《你生命中的休闲》,康筝、田松译,云南人民出版社 2000 年版,第 3 页。

　　②　叶朗:《美学原理》,北京大学出版社 2009 年版,第 229 页。

　　③　高宣扬:《流行文化社会学》,中国人民大学出版社 2006 年版,第 129 页。

是为了满足运动员在赛场上的需求,但随着篮球运动的普及,球鞋文化也从赛场上融入到了人们的日常生活中。产品的功能不仅要适应人的物质需求,而且要适应人的精神需求。适应人的物质需求的是产品的使用价值,适应人的精神需求的是产品的文化价值、审美价值。[①] 现阶段,球鞋已经不仅仅是一种具有使用价值、运动功能的商品了,人们更注重的是它的文化价值和符号价值。年轻人对球鞋文化的追逐和热爱,让人们逐渐认识到球鞋也会成为一种文化标识。[②] 一双 Air Jordan 一代的成本非常低,但是挂上了耐克公司的标签,价格瞬间涨了十几倍,甚至几十倍,因为这是一种时尚。在当下,时尚的价值一定无法用它最初的成本来衡量,甚至都无法用它的功能来衡量,一双自身没有什么科技含量但有收藏价值的球鞋未必比一双拥有最新科技的篮球鞋卖得价格低。时至今日,球鞋已绝不是简单地被当作用来保护脚或是运动的工具,它已经成了一种个性的象征,包含了对自我的追求,而这种追求就是 Sneaker 文化。[③]

三、球鞋文化中的三个关系

球鞋文化发展至今已有一个世纪的历史,在发展的过程中出现了三对关系,它们分别是科技化与潮流化、真爱与贩卖、大众与小众的关系,这三种关系有时是互相矛盾的,有时又是统一的,它们让球鞋文化的发展方向趋向多元化、复杂化,这就需要我们对这些关系抱有理性的认知态度。

(一)科技化与潮流化

科技可以说是一款运动鞋必不可少的元素,尤其是对于如篮球、足球、网球等专业领域更是如此。各大公司每年都要投入大量经费来进行新技术的研发。然而,现在的运动鞋消费者,除了对运动鞋性能十分关注之外,运动鞋的外观,俗称颜值,也是必不可少的。甚至有些运动鞋的主要功能,随着时间的推移已经发生了本质的变化。如匡威、AJ 等运动鞋中的某些款式就是如此,当时这些鞋款是为篮球运动员打造的,但时过境迁,随着先

---

① 叶朗:《美学原理》,北京大学出版社 2009 年版,第 309 页。

② 程治强:《大学校园"球鞋文化"透视》,《现代教育科学》2014 年第 4 期,第 145 页。

③ 杨靖靖:《论 Sneaker 文化与体育用品品牌推广的营销战略》,《体育成人教育学刊》2007 年第 6 期,第 21 页。

进技术的不断引入,这些原本只具有运动功能的鞋款虽然在运动场上已被淘汰掉,却成了大众潮流文化的宠儿。现在的球鞋文化出现了功能上的分野,一方面是具有科技含量的实战球鞋,另一方面是具有潮流意味的鞋款,人们以"休闲鞋"和"板鞋"等词汇来称呼这类鞋。但这种分别只是功能上的,在潮流的层面有时是无法分清的,比如近几年阿迪达斯推出的"椰子"系列,原本是跑鞋,但附加在这双跑鞋的商业推广和明星效应,让这双跑鞋变成了时尚。而同样功能的 UB(Ultra Boost)系列跑鞋则慢慢回归到了功能性跑鞋的定位,球鞋在时尚和功能上面的摇摆让科技和潮流的关系变得微妙了起来。

(二)真爱与贩卖

某位球鞋鉴定师说过,在国内这种球鞋市场,资本运作远大于球鞋的爱好。换言之,有潮流就有需要,有需要就有市场,有市场就有资本运作,这是无可厚非的。球鞋市场的参与者,除了公司、消费者之外,还有一些做球鞋倒手买卖的群体,他们利用公司售卖中进行的限量、抽签等方式,依靠原价或者低价购买球鞋,再进行加价售卖,从而获利。如果说公司代表着销售,消费者代表着真爱,那么上述的这一类群体则融合了"真爱"与"销售",形成了球鞋的贩卖群体,这里的"贩卖"并无贬义,而只是一个称呼,毕竟在市场经济中,买卖行为是双方自愿的事情,加上类似于"闲鱼""毒"等交易平台的出现让拥有真爱的消费者和贩卖者之间的界限慢慢变得模糊了起来,让一个原本对鞋子热爱的消费者的消费目的也变得不那么明确了。此外,由于公司货球鞋(正品球鞋)的价格较高,让一部分消费能力较低,或者暂时没有足够资金进行消费的群体望而却步,这就催生了假鞋市场,进而冲击了正规球鞋市场的发展,更不用说丰厚的利益让市场中出现了很多真假混卖的情况。虽然真爱与贩卖的关系在市场的运转中显得十分复杂,但我的观点是,在面对自己中意的鞋款时可以考虑购买,但要理性消费,不要过度消费,更不要有攀比心理。

(三)大众与小众

文化领域中,大众文化和小众文化的区分是简单的,却也是复杂的。大众文化具有通俗的特征,能够被大多数人接受;小众文化又被称作非主流文化,是和大众文化相对的一种文化形式。[①] 换言之,小众文化并不能完全地迅速地为大众所接受。对于球鞋文化来说也是这样。一方面,现在球鞋文化中流行的鞋款,如耐克的 AJ、阿迪达斯的"椰子"等系列鞋款均属于大众范围,而像 Bape Star、Pony 等鞋款则属于小众范围;另一方面,大众和小众的界限并不是绝对的,有时从小众的难以接受到大众的火爆流行是经历了一个过程的;反过来说,球鞋的流行从大众到小众也会发生变化,比如前几年很流行的 New Balance 系列、阿迪达斯的"贝壳头"系列和 NMD 系列,现在已经不再流行。总而言之,大众的球鞋文化在球鞋文化中处于支配地位,而小众的球鞋文化对于大众球鞋文化的发展同样具有辅助作用。小众的球鞋文化也可以看作是大众球鞋文化的一次"再出发",[②]它们的关系并不是非此即彼,而是共同构成了一种合力,我们对它们之间的关系也应该持有一个动态发展的眼光。

四、结　语

在 21 世纪头十年中,网络游戏突飞猛进地发展,有人做出了警告:是你去玩游戏,不要让游戏玩了你。人们有时候把休闲和时尚定义为一种心态,这种定义不无道理。我们在追求休闲、时尚的过程中,自己的心态同样需要调整,特别是因为媒介快速传播而催生的过度消费和攀比的心态,以及因此产生的各种偏激的心理,都是不可取的,这也是我们在解读球鞋文化的过程中应该注意到的现象。球鞋文化日趋多元化,这其实是流行文化多元化,乃至整个文化多元化的一个组成部分,且这种多元化所产生的影响正在社会生活中不断渗透。在这种情况下我们该何去何从? 这是值得我们认真思考的问题。

---

① 李芳丽:《韩国大众文化浅析》,《文艺生活》2010 年第 9 期,第 66 页。
② 李佩珺:《大众文化视阈下的小众文化传播》,《湖南大众传媒职业技术学院学报》2017 年第 2 期,第 22 页。

第四节　网吧——一个公共空间的建构

一、引　言

随着互联网的飞速发展,专门提供网络服务的公共空间——网吧应运而生。对于网吧,官方的定义是:除学校、图书馆以外的通过计算机等装置向公众提供上网服务的营业性场所。① 中国有记录的第一家注册网吧出现在上海。之后的二十几年中,网吧行业在中国呈现出高速发展的状态。虽然网吧的发展经历了一些挫折,但经过一段的摸索和尝试,现在已经逐步走入正常的发展轨道。另外,随着高科技移动设备的不断涌现,娱乐手段逐渐多样化,也有人对于网吧的存在持有消极态度,认为这样的公共空间在现在已经失去了它存在的意义。此外,网吧从诞生开始,对于自身的定位和发展方向并没有一个特别清晰的认识,加之各种社会因素,使得网吧在当下的发展陷入了迷茫。应该明确,网吧作为一个公共消费空间,从它的出现到后来的发展,一直都是一个建构的过程,而这个建构的过程是多方面的。因此,有必要对于网吧的发展及其空间建构做简要的分析。

二、中国网吧作为公共空间的发展

互联网的诞生是网吧产生的直接推动力量。20 世纪 60 年代末,互联网出现,当时的互联网进行的只是相对单一的计算机之间的数据连接;而到了八九十年代,互联网迅速发展,成为国际性的巨大网络。此外,网吧的产生还和电子计算机的发展相关,众所周知,早期的计算机以台式为主,并不方便携带,且由于价格高昂,并不是所有人都能负担得起,如果是出差或者外出学习,查阅资料就成了问题。这就为网吧的产生提供了条件。中国网吧的发展经历了四个阶段。

第一个阶段是从 1996 年至 2000 年。1996 年 5 月的上海,出现了中国

----

① 文化部文化市场发展中心:《中国网吧产业调查报告》,2004 年。

第一家网吧"威盖特";1996 年 11 月 15 日,北京首都体育馆旁边开设了中国"实华凯网络咖啡屋",这家网吧是由北京实华凯电子商务有限公司投资开设的。一南一北的两家网吧揭开了中国网吧发展的序幕,1996 年也成了中国网吧发展史的"元年"。而所谓网吧的概念是后来才出现的,当时的网吧被称为"机房""游戏厅""电脑房"等,受到设备、场地的限制,当时的网吧只有几台电脑,少则三五台,多一些的也只有十余台,条件十分简陋。然而,由于对新兴事物的好奇,当时很多人都前往这样的网吧一探究竟,当时网吧流行的游戏主要是像《仙剑奇侠传》《红色警戒》之类的单机游戏。网络通信软件刚刚出现,QQ 那时还叫 OICQ。很多人对于网络、游戏的认识就是从这时开始的,网吧作为公共空间的概念逐渐开始形成。

第二个阶段是从 2000 年至 2008 年。这个时期被称为中国网吧发展的"黄金时期"。随着《传奇》《大话西游》等网络游戏的出现,网吧的发展可谓突飞猛进。许多大学附近出现了各式各样的网吧。其中有没有正规牌照的"黑网吧",也有规模比较大的正规网吧。当时的网吧可以说是人满为患,很多人去网吧要排队,这时,网吧具有的公共空间的理念基本形成。然而,由于网吧本身的管理混乱和相关的监管不力,出现了许多问题,比较突出的是网吧安全问题,以及青少年网瘾问题。关于这些问题的报道使得网吧和网络游戏成了家长和社会舆论集中抵制的对象,这些都让网吧的发展蒙上了一层阴郁的色彩。但不可否认的是,当时的网吧数量在全国范围内持续增长,这主要是基于网络使用成本的下降以及在科技进步影响下的游戏发展。据统计,截止到 2006 年,全国合法营业的网吧有 12 万家,其中 2378 家属于连锁网吧。

第三个阶段是 2008 年至 2014 年。这个阶段是中国网吧发展的全盛时期。电脑设备的更新换代,网吧在监管之下逐渐走向正规化,电子游戏特别是网络游戏的丰富化,都让网吧行业的发展呈现出井喷之势。另外,在这个阶段许多 80 后、90 后在资金上、时间上都有大量的空闲可以上网,我们经常会看到很多年轻人成群结队外出上网,而这时的网络游戏,如《魔兽世界》《穿越火线》《勇士与地下城》都以强大的可玩性吸引了一大批玩家。网吧成了同学、朋友聚会必去的地方,在网吧不仅可以交流感情,也可以获得游戏体验的愉悦,网吧作为公共空间的职能正式确立了下来。

第四个阶段是 2014 年至今。中国的网吧进入了转型期,很多网吧的收益出现了下滑。这主要是由于人们生活水平提高了,电脑对于普通人来说变成了一般的消费品,无论是台式机还是笔记本都是如此。另外,智能手机性能方面的革新推动了手游行业的发展。这增加了人们对于网络娱乐方式的选择。因此,许多网吧转型成了网咖,无论是在游戏环境、硬件设备还是服务质量上都有了很大程度的提高。此外,俱乐部理念的提出在一定程度上强化了网吧作为公共空间的职能,但还处在一个尝试阶段。

一般而言,人们对新事物,尤其是新媒介的出现都是敬畏的,从 19 世纪报纸出现时候人们大写的 P 便可见一斑,现在互联网大写的 I 也可以表明"这种约定俗成的表达方式反映了人们微妙的心态变化"①。人们认为互联网能够给人们带来一种新的交流方式和生活方式,乃至对整个人类社会产生巨大的影响。随着互联网技术的成熟和普及,人们对这种新的媒介逐渐接受,让它融入到了自己的生活中,如同当时电视取代报刊时一样。面对互联网巨大的辐射式影响,有人提出对待网络的态度,认为"最好把虚拟世界看作是真实世界结构和程序的延伸,而不是正对社会进行改造的技术至上的空间"②。网吧的产生除了和互联网发展有关,还和电子游戏、电脑设备等配套设施的革新密不可分。实际上,除了这些硬性指标之外,网吧作为公共空间,它的建构是受到许多方面的影响的。从外部来说,它只是一个普通的娱乐活动场所,往深一层说,它自身也受到一系列社会建构的影响。网吧作为一个建成空间,即可以直观地看到物质实体以及对它产生的审美体验与直接的感受。此外,还存在一个社会空间的网吧,反映了网吧的社会、文化、政治、经济因素对它的建构所产生的一系列影响。物质空间与社会空间一起,建构起了网吧这一公共空间。

三、网吧作为建成的公共空间

(一)作为视觉审美对象的公共空间

网吧作为视觉审美对象的公共空间具有视觉审美的意味,这种意味和社会、政治等外界因素关系不大,关注的是设计者、观察者和使用者主观上面的审美取向。这个方面主要是针对公共空间物质形态上的意义来说的,这就涉及了网吧作为公共空间本身在设计方面的问题。

---

① 珍·辛顿、詹姆斯·卡瑞:《英国新闻史》,栾轶玫译,清华大学出版社 2005 年版,第 199 页。
② 同上,第 222 页。

从动态的角度来看,网吧作为一个公共空间,在自身作为视觉审美对象方面是经历了一个变化过程的。一开始的网吧出现在 20 世纪末,这个时候大部分的网吧是租一个很小的店面,里面安装几台电脑,即可营业。网吧的内部装修也非常简陋,基本没有什么审美可言。我们回过头来看当时网吧内在的空间布局就会发现,当时大部分网吧只有几台简单的电脑桌、电脑和椅子,室内设计的布局也十分混乱,经常会看到许多电线和插板暴露在外,消费者也都是挤在一起上网,网吧室内并无特定的功能分区。这种网吧现在在我国的一些贫困地区仍然存在,主要是为了满足经济条件不足以购买网络设备的消费者。而进入 21 世纪,网吧慢慢发生了变化:内部装修越来越美观,更加时尚前卫,一些条件不错的网吧还进行了更上档次的软装,极大程度改善了上网环境;电脑设备更新换代,可以适用于绝大多数电子游戏的配置;功能分区也越发合理,有普通上网区、VIP 区,后来还增加了电子竞技区,为专业的电子竞技选手提供了训练场地;有些网吧还配套了餐饮和简单的娱乐设备。到了现在,许多网吧在视觉审美上下的功夫越来越多,我们经常会看到一个网吧内设有不同主题风格的区域,甚至有些网吧出现了和文学、绘画相关的区域划分,“网吧室内的设计从普通的上网空间向个性化、高科技化和舒适化的方向转变”①,在设计上的变革强化了网吧的空间存在感,也让玩家在消费的过程中获得更好的游戏体验。这类风格独特的网吧设计,同“当今主流意识形态的社会目标没有什么明显联系,完全是根据特定的商业利益和美学目的来打造的”②。虽然网吧作为物质的公共空间,远不是装修得漂亮就能盈利,但是网吧的美观是一个最基本的指标,它直接作用于人的审美体验,这种所谓的“美观”并不是孤立的,而是和效益联系在一起的,美观大方的最终目的是要刺激消费者的消费欲望,来网吧进行消费。

(二)作为主观感知对象的公共空间

作为人主观感知的对象,公共空间的作用不仅仅在于有用,在于供人去欣赏,这只是最基本的要求;还在于注重人的体验,还在于供人去体会、去感知。虽然这种感知是源于建成的公共空间这一实体,但实际上这也是

---

① 曹政强:《探析网吧室内设计的发展历程与趋势》,《现代装饰》(理论版)2015 年第 3 期,第 36 页。

② 阎嘉:《农家乐:一个当代审美文化的文本》,《文艺争鸣·现象》2007 年第 7 期,第 3 页。

对建成空间的一种超越。

　　网吧本身作为公共空间,还体现了后现代中"时空压缩"的观念。一方面,网吧中优美的环境,让人在消磨时间的同时产生了一种舒适感,这种舒适感配合人们在上网享受游戏时的体验,让人们更加失去了时间的观念。而我们在享受游戏的时候又是一个以时间来消灭空间的过程,游戏中时间的错位,我们全身心融入游戏中去,这些都让我们忘了自己在什么地方,使现实感逐渐消失。也就是说,网吧作为公共空间,帮助我们消灭了现实生活中时间的概念,而反过来,游戏中的时间概念又让我们忘掉了现实生活中所处的空间,"各种幻象的交织,在相同的空间和时间里把不同的世界聚集到了一起"①。网吧是虚拟和现实的结点。这主要体现在它既是一个存在于现实生活中的物质实体,也是一个让网民感受上网乐趣、体会虚拟世界魅力的地方。而网络和现实的准则会不时地产生冲突,这就让网吧形成了一种奇特的张力。一方面,我们在网吧上网的时候必须遵守日常生活中各种各样的规则,我们需要安安静静地坐在那儿,虽然可以偶尔发泄自己的情绪,但不能做得太过火,引起身边其他人的反感;另一方面,我们可以自由自在地徜徉在网络这个虚拟而又逼真的仿像世界之中,"网络的匿名有可能为个体带来自我身份建构的空间,从而实现人的解放。"②玩家在面对这样一个本质虚假,但表象却显得无比真实的游戏世界时,却往往产生身临其境从而完全沉迷的错觉。这种错觉使进入游戏的玩家,忘记了除却记忆之外的真实世界,于是,用技术手段创造的数字虚拟空间便取代了真实空间,成为唯一被经验着的空间。③　网吧还可以为我们提供一种独特的空间感受。在 2017 年,企鹅智酷和腾讯电竞联合发布了《2017 年中国电竞发展报告》,这份报告显示,有 79.8% 的观众在家观看电竞比赛,37.2% 的观众则在网吧观看电竞比赛。网吧"依然是你我去不了鸟巢、到不了北美看现场时,最为直接、最为便捷地参与、享受电竞赛事的大众途径"④。我们会在网吧产生一种身临其境的观赛感受。

　　我们对于网吧的文化记忆,同样建构起作为公共空间的网吧。如果说

---

　　① 戴维·哈维:《后现代的状况》,阎嘉译,商务印书馆 2003 年版,第 376—377 页。

　　② 珍·辛顿、詹姆斯·卡瑞:《英国新闻史》,栾轶玫译,清华大学出版社 2005 年版,第 221 页。

　　③ 苏世昌:《兼容传统与后现代:论电子游戏艺术性的确立》,《湖北民族学院学报》(哲学社会科学版)2013 年第 5 期,第 111 页。

　　④ 《游戏、网吧和电竞馆,电竞大潮里的众生相》,百家号,baijiahao. baidu. com/s? id=1596335640876275040&wfr=spider&for=pc。

交往记忆通常在三代人之间循环,形成一个共时性的记忆空间,那么文化记忆则指向一个历时性的时间轴。① 弗洛伊德曾经将个体记忆比作罗马城,在这里新旧之间的矛盾冲突构成了文化的活力。这说明文化记忆同样是在不断发生变化的。我们对于网吧的感受随着时代的变化发生着变化,不同时代的玩家对于网吧这个事物的感知是不一样的,文化记忆的独特性就在这里。我们在网吧获得的文化记忆不仅存在于我们的脑海中,还在不断被发展着的、具有社会化了的网吧刷新,然而属于我们的文化记忆似乎又只停留在属于我们青春期的那个时代。在青春期,无论哪种理由,少年只要想逃避家庭和父母的要求、学校和老师的要求、学习上的困难与艰难、同学的议论与眼光等,简单而自由的网吧生活就成为他们最好、甚至是主要的选择;这里可以看到丰富的"世界",可以和任何人聊天且不受束缚;这里有让时间感消失的快乐游戏,可以睡觉,还可以边吃边玩……于是,网吧、网游和青春期少年一拍即合。② 在大学,由于有足够的时间和精力去进行娱乐活动,网吧便成了很多80后、90后大学生最主要的娱乐场所。在那时,几个好友约好去通宵上网成了家常便饭,很多大学生甚至经常吃住在网吧,只为了和网游中工会的队友"开荒"。这时我们对于网吧的文化记忆便与日常生活和精神世界紧密地联系在了一起,对于网吧的主观感受也是最为深刻的。随着大学毕业,许多人步入了社会,参加了工作,忙碌的职场和生活的压力让他们自顾不暇,自然没有时间再去网吧进行娱乐,这时我们对于网吧的记忆也开始慢慢淡化。而对于比我们年轻的那一代人来说,他们对于网吧的感受和我们有相似的地方,也有不同的地方,但这种对于网吧的文化记忆"为我们所需,属于我们且支撑着我们。因此,它被我们保存下来并得以永存"③。

"'到网吧上网'的实践活动与网吧有着密切的关联,而网吧空间的建构与网吧活动行为的主体又密不可分,网吧技术性社会空间的建构所涉及的主体更加多元,除了网吧消费者及其消费行为之外,网吧经营者也是重要的建构力量……网吧经营者按照顾客群的构想将网吧这一概念转译成为本地的实体形态;网吧顾客群将包括技术在内的空间驯化成为自己所用

---

① 扬·阿斯曼:《什么是"文化记忆"》,陈国战译,《国外理论动态》2016年第6期,第18页。
② 李玫瑾:《未成年人进网吧屡禁不止原因调查——以贵州和北京两地未成年人为对象》,《中国人民公安大学学报》2015年第5期,第8页。
③ 扬·阿斯曼:《什么是"文化记忆"》,陈国战译,《国外理论动态》2016年第6期,第25页。

的空间。"①抛开"驯化""转译"的概念,作为主观感知对象的公共空间,网吧的感知主体除了有玩家,还有营业者。在玩家上网的过程中会有和经营者持续的互动,玩家在上网时的反应会反馈给经营者,经营者也在这个过程中感知消费者的反应,这样的双向互动看似是无形的,却是对空间感知必不可少的一个环节。

从符号学的角度来看,网吧这一公共空间作为符号,是有许多解释项的,人们对于这种符号的解读是可以多义的,然而这种多义性除了和自身的审美相关,还和社会、政治、经济和文化等因素有关联。

四、网吧作为社会的公共空间

网吧作为一个公共空间,是城市社会生活发生的场所,这个场所中不断发生着人的行为活动和社交活动。网吧这个公共空间的建构中,我们不能忽略社会以及与之相关的文化对建构过程产生的重要影响。伴随着人类进入电子时代,电脑和网络的飞速发展,促进了游戏制作水平的提高;市场经济腾飞,游戏公司纷纷建立以谋其利;中国的网吧在城市中出现并率先形成了规模,一开始是为了查找资料方便,后来电子游戏特别是网络游戏的出现,让网吧形成了网络、游戏、娱乐消遣目的的统一。城市人口数量庞大,人民生活水平的提高为网吧的发展奠定了消费基础,他们的日常休闲生活越来越多地发生在 KTV、舞厅、电影院、购物中心、快餐厅等场所,而网吧则是这个长长的名单中的一员。② 这些变化都成了网吧作为公共空间的社会基础。

(一) 网吧——公共空间的本土化发展

网吧是互联网、电脑和电子游戏的综合产物。中国的网吧作为公共空间,从建构之处就具有独特的本土特点,而这个特点在国外许多网吧是没有的。从欧洲网吧的情况来看,最早的网吧出现在英国。而现在欧洲的网吧很少,大多数欧洲的网吧条件十分一般,装修方面并不讲究,里面的电脑硬件也是只能供人查询资料,许多网吧里面是没有什么游戏的,想要玩游

---

① 楚亚杰:《超越接入:中国城市日常生活场景中的网吧研究》,复旦大学毕业论文,2013 年。
② Zhou Y. M.:*Privatizing Control:Internet cafes in China*. in Zhang L. and Ong A.(eds) *Privatizing China:socialism from afar*. Cornell University Press,2008:216.

戏必须自己下载,这里的网吧似乎成了私人空间的延续。人们去网吧大多数是独自前往,很少有像中国这样,约上三五好友,甚至同学聚会的时候都会去网吧。其次,欧洲的网吧保留了传统网吧最早的工作、查询功能,人们去网吧是出于个人工作的需求;中国的网吧中则很少见到有人拿着书本在查资料的,绝大多数是玩游戏、进行娱乐活动的。与西欧等国家旨在提升公民信息技术素养、以实现信息社会目标的社区中心公益网吧迥然不同,中国网吧一开始就自发地跻身于私人商业经营领域,以私人业主为主体的经营模式更多地体现了消费场所的建构逻辑,消费性的娱乐功能成为中国网吧的显著特征。[①] 日本的网吧叫作"漫画喫茶",又叫漫画吧,有人拿中国的网吧和日本的漫画吧来相提并论,并提出中国的网咖也应该向这个方向发展。他们认为,网咖也应该像日本的漫画吧一样,具备多重的功能,然而我们看到,中国的网吧其实并不能像日本的漫画吧那样发展,因为后者所依托的漫画文化在中国网吧并不具备,最主要的问题是,日本的漫画吧具有住宿的功能,在里面住宿比到外面租房子价格要低得多,且会提供给客人免费酒水、洗衣和洗浴服务,低廉的租金和不错的服务让日本很多低收入人群长期在这里生活。这么说来,中国网吧和韩国网吧有些类似,它们都是紧邻社区,注重社会功用,将以电子游戏为中心的娱乐活动作为网吧发展的重点。对于网吧作为娱乐场所的定位慢慢地被更多人接受,但正是对于娱乐功能的定位让中国网吧现阶段的发展处于一个尴尬的境地。

　　中国的网吧从发展开始就有一个刻板的印象——人多、脏乱差。许多从西方引入的新事物似乎都有这个特点——KTV、台球厅等,网吧也不例外。形成这样的印象有很多原因,关于网吧引起的青少年网瘾现象的报道不断出现,网吧引起的社会问题受到广泛关注,这让社会对于网吧的印象大打折扣。产生这种现象与网吧自身的发展和定位有关,在中国,网吧的出现和电脑、电子游戏以及网络的发展密不可分,在 20 世纪 90 年代末,虽然在中国许多大城市已经有了网吧这个公共空间,但在许多中小城市,网吧(那时叫作游戏厅)可以说十分不上档次,通常只有几台简单的电脑设备,但那时网络通信软件和电子游戏软件刚刚出现,对人们产生了巨大的吸引力,这导致原本不大的网吧外面挤满了排队上网的人。由于当时网吧的准入门槛并不高,很多商家租一个很小的门面房,里面放几台电脑,即可

---

① 楚亚杰:《超越接入:中国城市日常生活场景中的网吧研究》,复旦大学毕业论文,2013 年。

招揽生意。而最初网吧的业主素质良莠不齐,网吧的经营很不规范,营业的过程中存在许多安全隐患,因此发生了一些安全事故,其中最严重的是2002年北京"蓝极速"网吧的火灾导致24人死亡12人受伤;另外,由于是新兴事物,相关部门对网吧的把控同样有欠缺,许多法律法规在网吧发展之初尚不健全。所有这些,都让网吧在中国的发展伴随着巨大的争议。另外,一个事实是:网吧由最初的低投入、高产出、拥有较高回报率的行业,逐渐演变为一个成本高而回报率低的行业。老旧的发展模式迫使很多网吧必须要完成转型才能盈利。而最为致命的是,娱乐业的定位让网吧行业承担着约等于总收入30%的税收,这更让网吧的发展雪上加霜。

(二)网吧——新一轮的社会建构

公共空间发展至此,建构的过程似乎已经宣告终结,网吧的命运也许会像歌舞厅等公共空间一样,最终销声匿迹。然而,网吧作为网络社会的产物,本身是具有网络世界的表征和网络文化载体的职能。波兹曼曾经论述了美国的演讲厅在公共空间中扮演了重要作用,它对于提高民众的文化程度和促进理性和秩序方面起到很大的影响。[①] 网吧作为城市的公共空间,它的出现满足了民众在精神生活方面的需要和娱乐方面的要求。网吧曾被称为"穷人的信息社会""稳定社会的'减压阀'",许多人肯定了网吧对于调节民众业余精神生活,推广现代信息技术,了解当下国家发展的"隐性社会责任"。网吧发展至今,我们应该认识到,它不仅和之前一样,承担了社会责任,现在的网吧作为公共空间,更多地被赋予了一种文化责任,它是网络文化得以传播的载体之一。网络技术持续发展,很大程度上降低了信息传输的成本,这在之前是难以见到的,现在却成了现实,而网吧作为网络文化的载体,作为意识形态控制十分薄弱的地方,可以让网民充分体会到一种"游牧乐园"般的快感。[②] 大众文化通过网络世界得到了发展,而网络文化则在网吧之中进一步传播。

我们应当注意到,从某个角度宣称网吧作为网络文化的载体,只能让人们对网吧的功能定位有一个基本的了解。事实是,从2013年开始,中国网吧的产业转型升级遇到挑战,很多网吧持续亏损,甚至倒闭。如果网吧

---

① 尼尔·波兹曼:《娱乐至死》,章艳译,广西师范大学出版社2004年版,第52页。

② 傅才武:《网吧作为网络文化载体的形态、特征和功能》,《华中师范大学学报》(人文社会科学版)2007年第1期,第117页。

是网络文化传播的载体,那么这样的载体现在不只有网吧一个。功能丰富的智能手机、物美价廉的个人电脑,配之以速度不断升级的互联网,都可以成为网络文化传播的载体。另外,有学者认为后现代时期的公共空间正在衰退,一方面是因为受到"片面强调功能的现代主义规划思想和工业化影响",许多网吧最初的构思很好,但由于受到城市商铺外观统一性的要求而不得不舍弃最初的思路,设计得中规中矩;另一方面,公共交流的概念正在发生转变,"许多原来发生在公共领域的社会活动被逐渐转到了私人领域"①,去网吧上网就是其中的一个,当然社会活动是受到参与者年龄、工作等方面的影响,但现在普遍的情况是很多人并不愿意像之前一样,成群结队地前往网吧,因为可以在网吧做的事似乎也可以在其他空间去完成。网吧继续存在,一定要有它与众不同的地方,这就是它作为公共空间的社会交往职能,而这种职能的发挥也不能停留在以前的状态,还应该随着社会的发展而变化,只有这样才不会被时代淘汰。据统计,有超过半数的人上网是为了查询信息,但网吧中消费者有 70% 左右是来玩电子游戏的。电子游戏自身除了传统艺术中的叙事性、影像性和情感色彩之外,还具有后现代艺术的交互性和虚拟仿像性。关于仿像性是针对游戏直观体验方面的,在前文我们已经提到过,而电子游戏的交互性或者互动性则让它和现实产生了联系。这种互动:一方面是人机互动,人机互动又有两种形式,一种是人和作为物理存在的电脑进行的操作性互动,另一种是将主体的意识赋予游戏中的人物,与游戏中的人物产生一种情感依赖。另一方面则是人人互动,这一种互动形式是网络游戏特有的,通过与游戏中代表真实玩家的虚拟人物的互动,得到一种与全国乃至全世界各个地域玩家的沟通。已经有人认识到,网吧一度作为电子游戏重要的推广空间,应当吸收电子游戏中的这种强大的人人互动功能。这种探索对网吧进行了新一轮的社会建构。

近几年,网吧行业中逐渐提出"网咖"这一概念,网吧的转型,需要以网咖为依托,融入桌游、棋牌、电子竞技、台球、VR、体感游戏、微影院、KTV、漫画等多种娱乐方式。这是我们新近才有的概念——城市娱乐综合体项目,②它并不是简单的多种娱乐形态的叠加,而是以线下社交和场景聚会为核心,以会员服务为主要形式的全新娱乐业态。另有一些网吧投资人进行

---

① Patsy Healey：*Managing Cities：the New Urban Context*. J Wiley, 1995：53.

② 2017 年中国网吧产业年会系列报道,赛事网, http://www.sswchina.com/article-24546-1.html.

的"泛娱乐青年俱乐部"的经营模式,主张发挥网吧作为公共空间的特点,将网络中的社交模式发展到线下,这些尝试对于中国网吧未来的发展都是十分有利的。我们知道,"空间一旦生产出来,就意味着它同过去的决裂,意味着生产了新的社会关系;对空间的建构与生产,在某种意义上也是对社会关系的再生产,新的宽阔大道、百货公司、咖啡馆、剧院、公园,以及一些标志性的纪念建筑,它们均是一种特殊的社会意识形态的体现。"①这种意识形态表现为一种建立于生产方面的物质条件和社会关系基础上的观念。网吧作为一个空间,它的更新换代不仅是它作为物理空间的更新,也不仅是对作为空间的网吧的装修和建立这么简单,而从根本上讲是对物质条件的反映以及社会关系的体现。物质条件这一点比较容易理解,从我们先进城市的网吧以及落后地区的网吧之间的对比即可观察到这一点;主要的是,不同时代的网吧体现并刷新了的社会关系。从早时单一的网吧布局到现在丰富多元的网吧结构,这是社会关系丰富性和多元化的体现。新时期的网吧只有更好地契合这种社会关系的需要,才能取得更好的发展。

在这一系列的探索中,一个典型的案例就是将承办电子竞技线下赛事作为网吧新的发展思路。电子游戏市场的存在为电子竞技产业的发展提供了稳定的发展条件。从 20 世纪 90 年代开始,电子竞技已经逐渐成了欧美和韩国等一些发达国家的重要产业,电子竞技在韩国甚至一度成为能和汽车业相媲美的产业,发展前景可见一斑。在我国,电子竞技作为国家体育总局在 2003 年批准成立的第 99 个体育项目(后更改为第 78 个),是竞技体育的一部分。电子竞技的发展经历了一开始的摸索之后,已经步入了正常发展的轨道,特别是近些年来,中国政府对于电子竞技产业的扶持,让电子竞技的发展速度进一步加快,经过一段时间的发展,中国电子竞技已经成为继美、韩之后全球第三大电子竞技市场。此外,电子竞技的盈利方式和电子游戏有所不同,电子游戏的盈利主要依靠销售软件产品、服务及相关周边产品等,它的迅速发展尽管和网吧的推广有密切的关系,但是它的收入是不会分给网吧的,这就让过去的网吧成了几乎完全依靠上网服务费和利润微薄的酒水餐饮费来维持生计的公共空间;而"电子竞技则通过发行商投资、企业赞助、游戏代理和比赛门票收入来盈利"②,本身带有了更多的竞技体育的发展形态,而电子竞技组织的线下比赛则需要解决场地问

---

① 刘丽:《意识形态、阶级斗争及革命诗学》,《江苏第二师范学院学报》2017 年第 7 期,第 9 页。
② 钱亦舟:《电子竞技产业发展思考》,《体育文化导论》2015 年第 8 期,第 118 页。

题,这就给很多网吧带来了除上网服务费之外的额外收入,如赞助商们缴纳的场地租赁、设备使用的费用,玩家参赛比赛的报名费用及比赛过程中的餐饮费用等。甚至有些网吧直接转型成了电竞馆,专门承办大型的电竞赛事和比较专业化的战队训练赛,这样收入就更高了。拿成都本地生意不错的麦田电竞馆来说,该电竞馆在成都有三家店面,其中一家就位于距离川大南门不远的科华街,相比于传统网吧的持续亏损,麦田电竞馆则获利不断,除了室内装修、硬件配置和上网环境方面继承了传统网吧的特点之外,还承办各种大型电竞赛事,借比赛的机会邀请国内知名战队前来训练以扩大知名度,而独具的特色是电竞馆对于社交文化的营造:自行举办店内的电竞对抗赛,以电竞馆会员为参与者的线下聚会、篮球赛等。麦田电竞馆的发展为正在转型中的网吧行业提供了借鉴:网吧再也不能像过去那样,你不认识我、我不认识你,而应该真正发挥它公共空间的功能,通过各式各样的手段将大家聚在一起,做到真正的"人人互动",正如一位网吧经营者所说:"现在火爆的电竞生态环境里,网吧的角色更像是一个'全民竞技场',在整条产业链中起着桥梁和枢纽的作用。"可以说,电子竞技对于空间的要求强化了网吧作为公共空间的社会职能,因而构建了网吧作为新的公共空间的存在。

五、结　语

媒介富有理论认为:两个足够亲密的人,没有能够采用传递信息足够丰富的媒介进行交流,那么,媒介的使用者会学习并选择更为有效的方式(High Levels of Intimacy),以补偿在人际交往中由媒介手段不够丰富带来的局限。[1] 网吧就是这样的一种方式,它为人们进行面对面交流提供了一个除了工作场所和家庭以外的"第三场所"。我们工作的地方和家庭会让我们产生一种麻木的管理,而在像网吧这样的公共空间中,我们可以体验一种"非日常"的生活内容。[2] 十几年前,网吧刚刚在中国发展起来的时候,

---

[1] Parks, M. R. & Floydk: *Making Friends in Cyberspace. Journal of Communication*, 1996, 46(1): 80-97.

[2] Ray Oldenburg: *The Great Good Place: Cafés, Coffee Shops, Bookstores, Bars, Hair Salons, and Other Hangouts at the Heart of a Community.* Marlowe & Company, 1999: 16.

便有人认为网吧可以承担"社区娱乐生活重构"的责任,①这样的观点原本是没有问题的,因为网吧确实曾经充分发挥了它的作用,让很多亲朋好友约到一起,在网吧进行娱乐活动,联络感情、无话不说。但我们现在遇到的问题是,人们逐渐放弃了网吧这个"第三场所",甚至越来越多的人放弃了面对面交流的方式。受城市化进程的影响,原本温馨的人际关系似乎已经在高楼林立、看似高级的社会中消失殆尽。然而我们看到,中国传统社会中的交往方式并没有消失,而是以一种新的形态出现,许多原本沉寂、几近消失的某些公共空间受到多方合力,重新焕发出新的生机,比如在一度无人的公共空间——广场就被重新利用了起来,热闹的广场舞对当下的人际关系做出了新的诠释。在这一方面,网吧能否发挥它的作用尚不可知,或许我们对于它建构的探索可以为我们理解类似的公共空间,理解新的社会关系、人际关系提供一些有益的启发。

第五节　网络中的符号表征

　　网络的发展催生了大量的符号,这些符号有的是以语言文字的形式表现出来,有的则存在于网络游戏、网络文学之中。这些网络符号有不同的表征,这些表征并不是一成不变的,而是在不同的环境中迅速变化。现在我们已经进入了后现代的社会中,网络作为后现代社会最为活跃的一部分,其符号的表征也越来越复杂,这就需要我们对网络中的符号表征做深入的理解和探究,了解它们生成的机制和表现形式,并去挖掘这些表征背后的意义,以及它们带给我们的影响。

一、网络符号表征的特点概述

　　什么是表征? 在《牛津简明英语辞典》中,关于表征有两个解释:第一个解释是,表征某物即描绘或者描摹它,通过描绘或者想象,在头脑中想起它;在我们头脑和感官中将此物的一个相似物品摆在我们面前。第二个解释是,表征意味着象征、代表和替代。简而言之,表征就是一个事物引起我

---

① 雷蔚真:《中日韩网吧发展初步对比研究》,《国际新闻界》2004 年第 2 期,第 40—43 页。

们的联想,从而让我们了解到这个东西代表着什么,象征着什么。

哲学学科发展至今,由对事物本体的关注转移到对认识主体的关注,再到对语言本身的关注,针对语言所表达的意义也经过了一个转向。过去人们认为事物就是在那静置着,事物的意义建立之后,意义的传达才开始,但人文和社会科学出现了文化的转向,文化作为一种用符号传达意义的人类活动,其意义并不是单纯地被发现,而是被生产和建构起来的。文化也并不是一成不变的,它从一开始的发展就是一个被建构的过程。此外,文化在科技的推动下形成了"视觉转向"或者说"图像转向",网络符号的表征问题正是在这个背景之下出现的。

(一)视觉文化的网络符号

视觉图像的发展经历了传统向现代的转变,传统时期的视觉图像属于稀缺资源,只是归于少数特权阶层,但随着机械复制时代的到来,视觉图像越来越展现出一种"泛滥"的趋势。如果说过去的摄影、电影还是在这种趋势发展的初期,那么网络时代的视觉图像可以说处于这个趋势的巅峰期。"我们的社会充斥着像癌症一样疯长的视觉形象,所有东西的价值都取决于显示或被显示的能力,谈话也被转化为视觉过程。"①现如今,承担这种视觉形象载体的任务已经从旧媒体转到了新的网络媒体中来,随着越来越多的图像在网络中呈现出来,丰富的网络符号必然拥有了视觉文化所具有的属性。

(二)具有自指性的网络符号

意义的生成经历了两个系统。第一个系统涵盖了构成概念的过程,这是一个"真实物＋想象物"的阶段。在这个阶段,我们用相似性和区别性建立事物概念之间的关系。很长时间之后,当我们看到一个事物,马上就会在脑海中形成对这个事物的概念。比如鱼和潜水艇在形态功能上有相似性的关系,但鱼和潜水艇是有本质区别的,前者是自然物,后者是人造物。在第二个系统中,概念和符号之间的相似性被安排到了语言之中。我们会用能够被人所理解的语言符号来描述这个概念,这个概念便为人所知晓。简而言之,第一个系统是把概念给了事物,第二个系统是把概念用语言符

---

① 陆扬、王毅:《大众文化研究》,上海三联书店 2001 年版,第 91 页。

号表达出来,形成意义的传达和理解。表征将事物、概念和符号连起来,构成了意义生成并传达的过程。

网络符号具有丰富的自指性,这种自指性是与相似性相对的一个特征。在相似性话语中,符号的价值是因其与某物的相似而构成的。① 而在网络世界中的符号具有极强的自指性,这种自指性已经完全超越了过去图像对于世界的模仿和再现;这种具有自指性的符号,"可以依据自主原则来塑造,或者说符号本身变得越来越自在和自为了"②。诚然,有许多网络符号,如用图像构成的表情包还是以相似为主,网民经常用这种表情包来表达自己的喜怒哀乐;然而,这些网络符号仅仅是符号的基本功能。网络符号所具有的自指性,让它们自身具有了一种超越的特质,不再满足于对事物本身的模仿,而是在更高的层面呈现出了一种意义。如我们经常看到的用数字或者字母来表达情绪,这些数字和字母并未和情绪本身有任何联系,但它们的确指向了这种情感。从这个角度来看,按照鲍德里亚的说法,符号真正地获得了"解放"。

(三)网民参与创造的网络符号

而生活在这个世界的我们,又是如何去理解符号背后的表征呢？面对众多的符号,符号是不是高深莫测到我们无法去把握呢？尽管符号纷繁复杂,但这些符号指向某种特定的事物,而我们在看到这些符号的时候便会在脑海里生成对于意义的确定。"用差不多的方法理解和解释世界",就形成了对于同一符号语言的理解。在同一个国家内,同一种语言中,符号和指称物体的关系是任意的,这里的任意是指没有能够用说得明明白白的逻辑来证明,这个意义就肯定是这么来的——这是索绪尔的观点。索绪尔的结构主义语言学认为,先有语言后有意义,先有语言后有言语,先有规则后有意义表达。如伊格尔顿对结构主义的总结,"结构主义对于人类意义的'被建构性'的强调代表了一种重大的进步,意义既不是私人经验,也不是神所发命令发生的事件:它是一些共享的表意系统的产物。"③

在斯图尔特·霍尔看来,概念和符号之间的关系是由信码来确定的,这种共享的信码让意义稳定下来。简言之,我说了话,你能理解,是什么让我

---

① 周宪:《视觉文化:从传统到现代》,《文学评论》2003 年第 6 期,第 149 页。

② 同上,第 150 页。

③ 特雷·伊格尔顿:《二十世纪西方文学理论》,吴晓明译,北京大学出版社 2006 年版,第 105 页。

们达成共识的？或者说是什么让我的话能够表达要说的概念，而且这种概念还能为你所认同呢？这种共享的信码有些抽象，明白一点说就是社会约定俗成的东西，我们叫作惯例。惯例是什么，就是一种内化了的信码。我们把文化传统内化了，就成了文化的人。文以化人说的就是这个意思。但是霍尔并不赞同索绪尔把语言视为封闭系统的做法，他认为，意义是不断变化的，因为支配语言的规则不会是一成不变的，封闭也只能是暂时的。表征是通过语言这种特殊的符号来生产意义和表达意义的。

从大的概念来说，网络符号的内涵很丰富，"一是指网络媒体所使用的符号，不过，其主体的基本词汇及语言结构形式仍然是全民使用的现代汉语；二是指 IT 行业的专业用语，或是指与电子计算机联网或上网活动相关的名词术语；三是指网民们所创造的一些特殊的信息符号。"①可以看到，这种广义的网络符号的内涵前两点是和我们日常生活相关联的，因为我们日常生活中交流的口语表达也是依赖现代汉语，而网络上进行专业活动的术语则相对具有固定性，它们并不足以让我们认识到网络符号的独特性。

在我们进行上网活动时，进行网络交流是我们的主要目的，它方便、快捷并且直接，可以给我们生活带来前所未有的便利。在进行网络聊天时，网民会为了更加快捷地表达自己的情绪、发表自己的观点，创造一系列约定俗成的符号，他们所创造的符号推动了网络交流的自由发展，冲破了旧有日常用语的条条框框。并且，随着越来越多的网民参与到了网络交流中来，这种特殊的信息符号甚至已经渗透进了我们的生活中，反过来丰富了日常用语的词汇。

二、网络流行语的符号表征

网络符号作为符号的一种，本身就是一种能指，可以把它作为一种语言来阅读，从而获得所指。网络符号时时刻刻都在"说着一些事儿"，没有没意义的符号，就看我们怎么去解读，使它生成意义；网络符号也是如此。

在接触网络符号并用这些符号进行交流的过程中，我们有必要去探究这些符号的意义生产得以实现的表征过程，即它是如何生成并且实现传播的。根据巴尔特所说，第一步是用基础信码缝合概念，比如我们看到一个

① 曾庆香、张楠、王肖邦：《网络符号：视觉时代的交流》，《四川理工学院学报》（社会科学版）2008 年第 3 期，第 1 页。

符号,首先明白这个符号从表面上看是什么,这是直接意指层,我们对网络中的符号的直观即是如此;第二步是利用信码,把符号和更广泛的文化主题、概念和意义相联系,这是含蓄意指层。"表征就是通过这两个既独立又联系的意指过程发生的。"含蓄意指层处理"各种意识形态残余……这些所指同文化、知识、历史紧密交流,可以说,正是通过它们,(文化的)外部世界才渗入到(表征的)系统。"①

　　拿网络上流行了很久的"233"来说。看到它,人们首先想到的是数字,然后会发生更广泛的联想——代表哈哈笑。前者,直接的意指非常简单而且公认,数字谁都认识;含蓄意指则没有那么简单,主要体现在它意指的不固定性上,同样是"233",经常在网络世界玩耍的年轻人,不太上网看评论、刷弹幕的中老年人,理解起来肯定是不一样的,这就涉及概念结构等诸多问题了。另外,从含蓄意指层来说,"233"一开始并没有和大笑联系在一起,最初的"233"只有三个数字,是作为中国知名网络社区——猫扑论坛的第"233"号表情出现的。第"233"号表情是一只捶着地大笑的卡通猫,后来网友们就在发论坛帖子的时候加上"233"这三个数字来代表这个表情包。随后,这三个数字被网友们大量使用,很快风靡网络成了流行语,"233"的使用也超出了猫扑论坛而成为一个上网交流时的用语。有趣的是,现在很多人使用"233"的时候会刻意把3多打几个,而不去拘泥于最初交流使用的三个数字了。网络符号的表征经过含蓄意指层反复地使用和确认,到这里似乎告一段落了。

　　而上述的网络用语只是冰山一角。在信息爆炸的时代,网络世界的发展让我们可以在同一时间和世界各地的人们进行聊天、交流,了解世界大事,掌握更多的信息。姑且不说世界的情况,就拿我们国家的情况来说,第42次《中国互联网络发展状况统计报告》显示,截止到2018年6月,中国的网民规模达到了8.02亿,手机网民规模也已经达到7.88亿。如此数量庞大的群体,在交流的过程中会将不同的语言带入网络世界,原本只属于地方的东西却极有可能超出当地的限制,成为网络交流的常用语。其中就有我们比较熟知的"老铁"和"666"。前者本来属于东北方言中"发小"的意思,后来通过网络中大量的使用,成了"关系好的哥们"的代名词,而且还和很多短句连用以加强表达效果,如"扎心了,老铁""没毛病,老铁"等;而后

---

① R.巴尔特:《符号学原理》,凯普出版公司1967年版,第91—92页。

者则融合了北方"溜""牛"（代表厉害）的谐音，以及六六大顺的文化内涵，当我们看到网络中一些比较令人叹为观止的现象和表现的时候，我们就会发出"666"的评论，另外，"666"这个词还有"溜走"的意思，在不同的交流语境中，其意思的褒贬也会有所不同。

而只要我们仔细观察，似乎每一个网络用语的流行都可以从中找出其渊源，比如"真香"这个词，一开始只是个普普通通形容食物好吃的日常用语，但经过网络对于王境泽《变形计》的恶搞，这个词得到了迅速的传播：变为了本来不喜欢，但是由于种种因素，变得特别喜欢，有一些反讽的意味，以及"习惯了就好"的口气。又如"爱的供养，再问自杀！"则从主播对观众的回复语言传播到了日常生活中，表达了一种不耐烦的态度。而有意思的是，很多在网络中流行的语言经过词语顺序的变换，往往会产生奇特的表意效果和滑稽的意义，如"爱的自杀，再问供养""截图干什么，愣着啊""心动！是糟糕的感觉"等。

笔者看来，从第一层次的意指中，我们可以得到相对固定的结论，第二层次的意指有时候我们得到的结论却大相径庭。霍尔曾用巴尔特在《神话学》中黑人士兵向法国国旗敬礼这个例子来分析，最后把它上升到"神话"的层次。由一张照片反映出了文化和社会的实质。那么同样，我们可以从"23333"想到了年轻人对于新事物的好奇，一连串"23333"显示出他们急于表现自己，年轻人浮躁的社会心理，等等；老年人和年轻人对这个词的理解不同，又可以解释出对于新事物接受程度的不同，青年人与老年人之间存在的代沟，等等。也许我们有时候并没有办法一下子联想到诸如"法国帝国性"的根本问题，但仍然可以进一步挖掘深层次的意义。尽管，当我们陷入意义的循环中的时候，我们会发现，阐释伴随着阐释，似乎没有个穷尽，这也是霍尔引用福柯理论的前提，但在网络中我们所需要的，可能恰恰就是这种解释的多义性。

在网络的语言符号中，最不能忽略的就是网络文学的产生。网络文学这一崭新的文学样式的诞生为文学开辟了一个崭新的世界。起初的网络写作单纯是为了表达，但随着互联网的发展，最重要的是商业社会的大环境，网络文学从最初情绪的纯粹表达逐渐变成了为了吸引读者眼球而进行的创作，网络文学也已经融入进了文化工业中。"网络文学可以看作是游戏、影视作品、传统文学作品、报刊、图像、电脑技术等合理影响并且拼贴的结果,这带来了网络文学从形式到内容的新奇。"①这个特征决定了网络文学中已经包含了上述几乎所有元素的一切表征。另一方面,网络文学的出现一定程度上打破了作者和读者的界限,也解构掉了作家和评论者的特殊权力。且不说在博客上发表一篇关于电影的影评迎来很多人的点赞,就是在知乎上写一篇长文来表达自己的情绪,这些在现在都已经被算入了网络文学的范畴。这样看来,读者就变成了作者,比如著名指挥家金承志就曾在知乎上详细写过自己儿时被电击的经历。而面对一篇网络文章,评论已经由最初专业人士变为了大众,我们在一篇网络文章之后经常会看到诸如"剧情狗血""虐得很""全是套路"等评价,这些评价本身也形成了一种表征。

三、网络游戏中的符号表征

进入 21 世纪,随着互联网的高速发展,作为电子游戏重要组成部分的网络游戏异军突起。2000 年,《万王之王》正式发行,随后网络游戏如雨后春笋般快速发展。2001 年由华艺代理的网络游戏《石器时代》正式上线,取得了不错的成绩。2002 年,盛大代理了网络游戏《热血传奇》,该款游戏大获成功。据统计,当时中国网民不足 6000 万,而《热血传奇》的注册用户就达到了 7000 万。随后《魔力宝贝》等游戏同样表现不俗。而现阶段比较流行的网络游戏主要有《绝地求生》《魔兽世界》等。网络游戏和其他游戏一样,是以交互性为主要特征的,在游戏中的人人互动自然包括了网上交流的部分,这里主要谈一谈网络游戏之中除了交流以外,如视觉、听觉、图画、事物、故事、传说等相关的符号表征。

网络游戏,从技术层面讲只是一连串的数据,然而,这段数据却构成了丰富的画面图像和声音,让网络游戏在人机互动的同时产生了审美文本的特质,其中的符号表征也是建立在审美文本的基础之上的。在不同国家、不同文化中的学者们对于"审美文化"一词的理解有所不同,"审美文化"在国内学术界引起了广泛的争论,对于它的具体内涵,不同的学者持不同的意见。但总的来说,"当今审美文化的兴起推动了审美向文化的扩张,或者说正是审美向文化的扩张促成了当今审美文化的兴起"②。人们对审美文化的看法,虽然仍旧存在着认识上的分歧,但审美和文化的融合已经是大

---

① 王先霈、王耀辉:《文学欣赏导引》,高等教育出版社 2005 年版,第 205 页。

② 姚文放:《"审美文化"的概念分析》,《中国文化研究》2009 年春之卷,第 120 页。

势所趋。现在，审美文化的概念已经十分广泛，而电子游戏作为文化的衍生品，必然具有文化的属性，并具有审美文化大众化、生活化、多元化、世界化的特征。另外，电子游戏还具有文本的特征，许多电子游戏的制作是围绕一个主题来进行的，游戏也有发生的背景，如即时战略游戏《盟军敢死队》就是以"二战"为背景，反映出士兵们英勇无畏的精神，同时表现出战争的残酷；很多游戏有着丰富的剧情和故事脉络。这些游戏都是在我国风靡一时的外国电子游戏，之所以会广受好评，其中一个原因就是它们有着深刻的文本内涵。

著名网络游戏《魔兽世界》可以向我们提供许多符号表征。《魔兽世界》是一款有世界影响力的网络游戏，由暴雪公司研发，于 2004 年在北美地区公测，一年后在中国公测，随即风靡全球。至今，《魔兽世界》仍然是许多网络的制作原型和效仿对象。游戏中有许多内涵丰富的符号值得我们去研究，其中让许多玩家印象最为深刻的是不同形象的塑造，而在这些形象背后隐藏着丰富的符号表征。《魔兽世界》这款游戏从"世界"这个意义上来说，是真实世界的艺术加工的产物。游戏中有不同种族，这些种族体现了丰富的民族性特征，在 13 个种族中，除了人类这个种族是以身材健壮的欧美人为原型之外，其他的种族几乎都带有奇特的异域色彩。

巴尔特说，"摔跤世界"是"用形式耗尽内容"[1]。在摔跤的过程中，我们看到的这个人，我不管你的本质是什么，我只看你的外表和动作，因为你的外表就是一个符号，你所做的每一个动作都代表一个意义，我们可以在这一连串的符号中找到自己想要找到的那一个意义。在网络游戏中，这样的符号表征比比皆是，和摔跤的世界一样，游戏中"每一个符号都被赋予一种完全的清晰性"[2]。这里的"清晰性"指的就是相对明确的意义。在《魔兽世界》中有不同的种族，借用巴尔特在"摔跤世界"中的句式：地精必定是有精明头脑的商人，牛头人必定是忠厚的老实人，兽人必定是嗜血成性的战士（萨尔除外），侏儒必定是聪明的能工巧匠……这些种族一出现就会给我们带来深刻的印象，他们本身是符号，他们做的每一个动作又会让我们从中获得新的意义。另外，暴雪公司对人物、种族和事件来历的历史性塑造很完整、很成功，除了在游戏中的美学刻画，还请了专门的历史专家来编写历史，魔兽主要受指环王系列和克苏鲁体系小说影响，并且还配合游戏中的各种语言、配乐等，来加深人们

---

① R.巴尔特：《"摔跤世界"，神话学》，凯普出版公司 1972 年版，第 16—18 页。
② 同上。

对这个形象的认同,这些都对意义的形成起了重要的作用。

四、网络符号表征的意义

(一)丰富了语言的表达和言说方式

语言因素是民族生命力得以丰富和延续的重要一环。倘若一个国家、一个民族故步自封,认为自己的语言完美无缺而不去补充新的语言表达和言说方式,那么这个国家的语言系统迟早会消亡。我们看到的英美世界中的许多词汇都吸收了不同文明中的语言,英语中除了本身的语言基础,还融合了法语、德语等其他语种,在此基础上发展过来的英语语言体系已基本稳固,但这个系统并不是封闭的,英语还越来越多地借鉴了东方各国,如中国、日本等国家语言中的词汇,丰富了自己的表达。

网络中的语言符号同样有这样的作用,从符号学的角度来看,这些符号经历了从非标出性到标出性的转变的过程。标出性(Markedness)的问题,最初是语言学关注的问题,后来为符号学所关注,最后拓展到文化领域。"当对立的两项之间不对称,出现次数较少的一项就是'标出项'(the Marked),而对立的使用较多的那一项就是'非标出项'(the Unmarked)。"①也就是说,在对立项中,标出性是标出项,即不常用或者不正常一项的品质。非标出指涉正常,标出项指涉不正常。从网络中出现了大量的语言符号,这些语言符号一开始都属于标出项,这些标出项有些在交流的过程中被淘汰掉,有些则变成了常用的交流用语,成了非标出项;简言之,这些语言符号承载着从非主流到主流的转变。网络世界从诞生开始到现在就是一个符号不断从标出性到非标出性的过程,这种标出性的变化提出了一个问题,就是关于符号究竟有没有固定意义? 霍尔认为,意义是相对固定的,而没有绝对的,意义是被社会建构起来的。"相对"的意思就是,意义具有相对稳定性,但不是一成不变的,它在内部是会随着社会的发展,文化的推进而发生改变。"意义是被构造的,被生产的。它是意指实践,即一种产生意义并使事物具有意义的实践的产物。"②我们看到很多网络用语的出现

---

① 赵毅衡:《符号学原理与推演》,南京大学出版社 2017 年版,第 275 页。
② 斯图尔特·霍尔:《表征——文化表象与意指实践》,徐亮、陆兴华译,商务印书馆 2003 年版,第 24 页。

一开始就是非主流的,但是后来却变得人尽皆知,最明显的就是"给力",这个词最初出现在 2010 年的一段日本漫画配音中,后来通过网络被大量传播,再后来这个词因为简单易懂、生动传神被很多官方媒体引用,最后甚至很多领导人在讲话中都用这个词,其中充满了社会和政治的建构。类似的词汇还有很多,这里我们无意去说明文化中的中项究竟如何"偏边",让符号变成了非标出项的,而是旨在表达这样一个意思:网络中语言符号从标出项变为非标出项的过程,就是丰富我们语言表达方式的过程。

(二)对后现代性的应证和说明

后现代性的问题是一个复杂的问题。《娱乐至死》一开始便对比了奥威尔和赫胥黎的观点,"奥威尔害怕的是我们的文化成为受制文化,赫胥黎担心的是我们的文化成为充满感官刺激、欲望和无规则游戏的庸俗文化……赫胥黎担心的是,我们将毁于我们热爱的东西。可能成为现实的是赫胥黎的语言,而不是奥威尔的预言。"①波兹曼创作的背景是美国社会从印刷统治转变为电视统治,他提醒人们要对先进技术的垄断和把控持有警惕的态度。如果说那时的美国还处在电视产业蓬勃发展的阶段,那么现阶段,网络的发展速度已经超越了当时电视的发展,在短短几十年发展成为最具统治力的媒介。然而,这并不代表着波兹曼对我们的警醒已经过时,恰恰相反,他的许多论述在当下看来仍然具有现实价值。如果电视产业在兴盛的时候,"改变了公众化雨的内容和意义",让"政治、宗教和教育改变内容,用最适用于电视的方式去重新定义",那么可以说在现阶段,我们生活中的政治、经济、新闻和教育无一不和网络相关联,网络不仅定义了上述这些领域,从某种角度来说,还定义了我们的交流方式甚至是生活方式。倘若如书中所说,在印刷统治下我们的话语是"轻松易懂、严肃理性"的,电视统治下的话语是"无能且荒唐"的话,那么在网络支配之下,我们的话语则变成了杂乱无章、变幻莫测的了。

网络作为后现代时期的产物,同时具备了后现代的许多特征。无论是在网络用语还是在网络游戏中,我们都可以发现一种碎片式的拼贴和多元的特征。在网络的众多符号中,我们的交流除了通过语言文字,还会使用许多其他的方式,比如数字和图片,我们最熟悉的就是近些年很流行的表

---

① ［美］尼尔·波兹曼:《娱乐至死》,章艳译,广西师范大学出版社 2004 年版,第 2 页。

情包,这些表情包有的来自电视节目,有的来自日常拍摄,有的是来自对静态图片进行的加工,有的则做成了 gif 的动态表情。网络游戏同样如此,我们在体验网络游戏的时候会发现,里面无论是人物的造型、角色的配音还是场景的音乐,都是非常多元化:人物造型千奇百怪,角色配音来自不同的国家,操着不同的口音,场景音乐不仅有古典音乐,还有流行音乐,有西洋乐,还有东方的民乐。此外,我们还可以通过这些网络符号的表征发现那种属于后现代社会的短暂性和流动性。这些特性在网络世界中尤其明显。网络中交流的语言有一定的稳定性,那就是以我们生活中的日常用语为基础的,但其中最为流行的语言则在不断变化,"深入一种文化最有效的途径是了解该文化中用于会话的工具"[①]。而在我看来,我们现在的网络作为会话的工具,似乎越来越难以理解,我们面对林林总总的网络符号,似乎慢慢地也变得乐在其中,而不去深究其中的意义——"给力"这个词已经入选了 2018 年的"落选热词"。翁格说:"它们在我们的生活中绵延不断,它们构成思想自身的内容。没有它们,任何引申的思想都不可能存在,因为思想就存在于这些表达方式之中。"[②]这里的"它们"指的是俗语和谚语,网络符号同样可以构成思想并进行表达,然而和俗语、谚语相比,它们的意义建构比过去任何时候都瞬息万变,有时候还没来得及研究,还没搞清楚是怎么回事,这个词就过时了。而我们作为符号的使用者,现在关注的是这些符号带给我们的愉悦和交流时候的快感,变化多端的网络世界和现实世界已经没有多余的时间让我们当中的多数人对这些符号刨根问底了。后现代主义"对'享乐'之短暂性的强调……它爱好几近虚无的解构。所有这些,都让问题在相反的方向上走得太远"[③]。网络中的符号表征让我们认清它们背后隐藏之物,而在对后现代主义持有批评态度的同时,我们是不是应该对于网络中的符号也抱有同样的态度呢?

五、结　语

在阿多诺看来,大众文化和工业文化现在让我们在一种自以为自由的

① [美]尼尔·波兹曼:《娱乐至死》,章艳译,广西师范大学出版社 2004 年版,第 10 页。
② 翁格:《口语和读写能力》,麦休恩 1982 年版,第 35 页。
③ 阎嘉:《视觉艺术中的后现代空间:戴维·哈维如是说》,《当代文艺理论与思潮新探索》2015年第 11 期,第 127 页。

世界中生活,而真正的状态是不自由的。网络作为工业文化的产物现在几乎已经和我们的生活融入到了一起,我们一开始会从中获得快乐和愉悦,但这种愉悦只是短暂的、无法持久的。随着网络的发展,我们对于网络符号,甚至网络本身的理解慢慢变成了一种使我们能够放松下来的手段,我们玩游戏其实只是对游戏中符号解释项的重复解释。

同时,有人担心,在丰富的网络符号层出不穷且在不断变化的过程中,人们会逐渐忘却现实之中的符号表征。在我们被网络用语逐渐淹没的情况下,如何还能保持"好好说话"的正常交流。诚然,我们看到现在很多的年轻人热衷于网络用词,无论是在网上聊天,还是在和他人的交流过程中执迷于网络用词的使用,甚至出现了连基本的语法结构都没有的"快餐式用语",这是不可取的。

也有人忧虑关于人的主体性的问题。"在某种程度上,人的主体性的形成只能通过自我设定,通过提升其自我认识和独特性,使其达到其本质定义……只有当人独立于他人的利益与愿望,只有当人将自身当作实体,只有当人将自我持存和发展确立为准则,才能成为个体。"[1]阿多诺眼中的个体是有自我意识的存在。而在网络符号通过丰富的表征冲击着我们的思想的时候,在我们的交谈越来越多地充斥着大量网络用语的时候,我们自我的意识似乎是越来越少了。

然而,网络符号的表征本身是被建构起来的,这种表征最后也会起到建构我们思想,建构我们的社会乃至建构整个文化的作用。处在网络迅猛发展的今天,我们很难甚至是不可能逃脱网络对我们的影响,而网络符号则是网络中最直观却又最抽象的单元。福柯认为,现代性的视觉范式"不容许黑暗区域的存在"[2],而我们现在的确得到了光明,但在复杂的网络世界中,视觉时代的网络符号则进入到了让我们眼花缭乱的状态,我们甚至会感到有些刺眼。我们在接受这些符号并有意无意地使用这些符号的时候,不妨问一下自己:这真的是我想说的吗? 在这个意义上讲,也许我们无法从这些网络的符号表征中揭示真理,但我们可以避免在庞杂的符号表征中失去自己。

---

① The Frankfurt Institute for Social Research, *Aspects of Sociology*, trans. J. Viertel, Beacon Press, 1973:44.

② 包亚明:《权力的眼睛:福柯访谈录》,上海人民出版社 1997 年版,第 149 页。

第三章　生活中的文化现象研究

第一节　兰州市六家三甲医院双语标识语译写的调查与研究

一、引　言

公共标识语作为公众公共场所活动的一个重要交际工具,对外来旅游者有着重要的意义。随着经济的快速发展,中国与世界各地友人交流愈发频繁,中国语境中的双语标识语问题引起了政府部门、新闻媒体、社会大众、专家学者等的普遍关注。公共双语标识的规范化程度直接关系到国家对外交流的水平和人文环境的建设。

兰州市,西部地区重要的中心城市之一,丝绸之路经济带的重要节点城市,目前经济和工业发展迅速,拥有丰富的旅游资源,并且随着西北第一个、中国第五个国家新区——兰州新区的建立和完善,吸引了大量来自各个地区的国际友人。然而在对兰州市很多医疗机构的调查中发现,用于服务外国友人的英语公共标识语的错误现象屡见不鲜,甚至在很多关键的地方都没有相应的英语标识,给外国友人带来了很大的不便,也会在一定程度上影响兰州市的经济文化发展和整体形象。本章以兰州市六家三甲医院为调查对象,其中包括甘肃省人民医院、兰州大学第一医院、兰州大学第二医院、甘肃省中医院、甘肃省肿瘤医院和兰州总医院。

二、双语标识语的研究及社会文本理论

公共标识，作为现代化、都市化和社会化的标志性产物，成为现代社会语言生活的重要组成部分。所谓"公共标识语"，指的是公开和面对公众的告示、指示、提示、显示、警示、标示和与其生活、生产、生命、生业休戚相关的文字及图形信息。[①]

关于公共标识语的研究，外国的 Landry&Bourhis 提出了国际主流研究模式"语言风貌"[②]，随后国外的研究多从此角度入手，侧重于"多语环境"中的语言政策问题的研究，以及社会语言学语境中广义的文化学讨论。对于"语言风貌"这个在学术界全新的概念，国外学者给出了这样的定义："公共路标、广告招牌、街道名称、地域名称、商业标志，以及政府机构公共标志所使用的语言，一起构成了一个特定区域、地区或都市街区的语言风貌。"[③]同时，还认为"语言风貌"有两种基本功能：一个是"信息功能"，另一个是"符号功能"。[④] 国外学者在语言风貌框架内分别探讨了以色列、曼谷、东京等地的多语公共标识。

在国内，继 1998 年何自然等人探讨了公示语英译中的语用失误等问题之后，北京第二外国语学院于 2002 年成立了公示语翻译研究中心，公共标识的翻译自此开始备受瞩目。之后，中国翻译协会、中国日报、中国标准化研究所和北京第二外国语学院于 2005 年联合主办了"首届全国公示语翻译研讨会"，开始对公共标识进行大规模的系统性研究。北京、上海、山东、陕西等地还研究公布了公共场所公共标识英文译写规范。以杨永林教授为代表的学者以"语言风貌"为切入点，经过五年时间调查分析了北京等地区的双语公共标识语问题，并撰写了《常用标志英文译法手册》，这为之后的双语标识语的研究提供了有力的理论框架支撑。

---

① 吕和发：《公示语的功能特点和汉英翻译研究》，《术语标准化与信息技术》2005 年第 2 期，第 21—26，35 页。

② Landry，R. &Bourhis，R. Y：*Linguistic landscape and ethnolinguistic vitality：An empirical study. Journal of Language and Social Psychology*，1997，16：23-49.

③ Cenoz，J &Gorter，D. *Linguistic landscape and minority languages. International Journal of Multilingualism*，2006（3）：67-80.

④ Landry，R. &Bourhis，R. Y：*Linguistic landscape and ethnolinguistic vitality：An empirical study. Journal of Language and Social Psychology*，1997，16：23-49.

本章以广义的"社会认知"的理论模式,采用多维视角对兰州市六家三甲医院的双语标识语进行调查和研究。从社会认知角度来解读公示标识,一个公共标识就是一个独立的、体现一定社会功能的语篇文本,传递着多方面的信息内容,具有独特的"社会文本"属性。杨永林等研究者认为,在具体社会语境中,一条公共标识文本的意义解读过程是通过文本的社会交互性和语用交互性过程实现的。一条标志,不论它的结构如何,其本身就构成了一个社会文本,所以不能仅仅依靠字面意思来解读,而是把其当作真实语境中社会文本的解读(杨永林,2005)。在双语环境中,基于公共标识的社会文本本质特性所表现的五种文本关系特征,结合所调查的兰州市六家三甲医院的具体情况,通过进一步概括简化,本文将从四个方面着手进行分析:文化差异、功能指示、语言表述和缺少双语。同时,在医院语境中,本文将借助"疾病患者的视角"进行研究分析。

三、医院双语标识语译写存在的问题

基于对所收集样本的分析,本文发现目前兰州市六家三甲医院双语标识语的译写主要存在以下几个方面的问题。

(一)文化差异,缺少了解

规范、得体的双语标识语翻译,离不开语言学理论的指导,更离不开对移入文化的了解。因为标识文本译写的质量,不仅要保证译文语言文字的正确性,更要让本族人看到标识语之后,是否会有在源文化中一样的解读。公共标识语翻译的读者是外国友人,因此首先应该考虑外国友人的反应和接受程度。所以,在译写过程中要在熟悉并尊重外国的社会文化和生活习惯的基础上,使译文符合西方国家的文化背景。如兰州大学第二医院"洗手间"的译文"WC",对于西方国家来说,"WC"于两百年前指抽水马桶,而中国指的就是"茅厕",此处标识语与所要表达的意思相差甚远,建议译为"Washroom"。"儿保中心"的译文"Child Health Center",外国旅客看到之后会很茫然,译文完全没有表达出"保健"的意思,所以正确译文应该是"Children Health Care Center"。

在所收集的医院双语标识语里,众多标识语采用逐字翻译的方法,比如在兰州大学第二医院"强电间"被译为"Strong Power Between",译者根据中文思维将"强电"和"间"分别进行翻译之后加以组合,完全根据字面意思生搬硬套,是典型的因套用母语的表达而引起的语用失误。而根据西方人思维习惯,标准译文应该是"High Voltage"。甘肃省肿瘤医院的"污洗间"译为"Flith Cleaning Room",首先"Flith"是"Filth"的错拼,其次由于译者对该区域功能的曲解,译文同样采用逐字翻译、生搬硬套的方式。"污洗间"是医院内堆放垃圾、用于暂时储存或处置使用过的医疗器械等污染物的场所。此标识的设立主要用于告知他人此处有污染危险,应该远离。根据西方人表达习惯,建议译为"Biohazard Waste"。

(二)功能指示,类属不清

双语标识语的功能指示问题,主要体现在类属的划分上,比如在兰州大学第二医院,"急诊抢救室""急诊诊察室""急诊化验室""急诊 B 超室""急诊药房""急诊收费室""急诊缝合室"和"急诊手术室"八种双语指示性标志文本,可以总体归为"急诊(Emergency Dept.)"一类,然后通过"次分类"的方法,采用副标题的形式,区分各个科室。所以,各科室的译写可分别译为"First Aid Room""Consulting Room""Laboratory""B-Ultrasound Room""Pharmacy""Cashier's Room""Suture Room"和"Operating Room"。

(三)语言表述,缺乏严谨

针对双语标识语译写错误的问题,通过分析可以大致归为单词拼写错误和语法错误。

首先,单词拼写错误主要体现为字母多余、遗漏、误用和字母大小写的问题。单词错拼现象,如甘肃省中医院"无烟大楼,楼内请勿吸烟"的译文"NO SMOKING AREA PLEASE DON'T SMOK IN BUILDING","SMOKE"错拼成"SMOK"。兰州总医院"小心台阶"的译文"WATCH YOUR STEEP","STEP"错拼为"STEEP"。关于选词问题,比如在甘肃省人民医院,水房一条标识语"小心烫伤"的译文"Caution! Hot","Hot"的程度远不如"Scald",所以标准译文应是"Caution, Scalding Water"或"Caution, Very Hot Water"。在甘肃省肿瘤医院"换药室"被译为"Dressing Change Room","Dressing"本身就有"Change"的含义,所以正确译文为"Dressing Room"。关于字母大小写混乱问题,如肿瘤医院大厅,中草药的译写"Chinese Herbal Medicine pharmacy",其中

"pharmacy"应该和之前的大小写一致,首字母要大写,所以标准译文应该是"Chinese Herbal Medicine Pharmacy"。甘肃省肿瘤医院"节假日门诊"的译文"Bthe holiday outpatient service",单词"Bthe"没有任何意义,属于多余。其次,公示标识中每个单词的首字母必须大写,所以正确译文应该为"Holiday Outpatient Service"。

其次,语法错误在医院双语标识语里也是屡见不鲜。如兰州大学第二医院里"请勿吸烟"的译文"Please don't smoking","smoking"应改为"smoke",正确的译文应改为"Please Don't Smoke"或"No Smoking"。兰州大学第一医院的一条宣传语"爬楼梯有助于身体健康",译文"Climb the building stairs contributes to the healthy body",其中动词短语"Climb the building stairs"作主语,不符合语法规则,所以"Climb"应改为"Climbing"构成名词性短语作主语。兰州肿瘤医院"无烟医院,严禁吸烟"的译文"Thank You For Not Smoking"中,介词 for 都加名词性结构,所以正确的译文为"Thank You For No Smoking"。

(四)重要标志,缺少双语

公共标识语的翻译主要为方便外国旅客,在兰州市六家三甲医院里,有多处重要标识语出现的场所缺少其对应的双语。这种现象对于读不懂汉语的旅客来说,在一定程度上会带来困扰。即便是临时标志,都需要配备有相应的英文译写。如在兰州大学第二医院安全通道上"禁止堵塞"缺少双语,其译写应为"No Obstructing"。急诊的"急诊门诊会诊区"缺少双语,译文应为"Emergency Outpatient"。兰州军区兰州总医院"机房重地,闲人免进"缺少双语,译文为"Staff Only"。其次,对于一些临时标志,比如在兰州大学第二医院厕所旁边的一个标识"正在维修,暂停使用",对于外国旅客来说,由于不明白汉语会在一定程度上带来困扰,所以标准译文为"Sorry,Temporarily Out Of Service"或"Closed For Repairs"。

四、结 论

基于医院公共标识语的重要性,其作为一种社会文本,应该发挥应有的作用。而公共标识语译写中出现的问题不仅有语言层面的,更多的是由两种不同文化之间的差异带来的。所以"交叉影响"是医院双语标识语文本中需要特别注意的问题。因此,在译写过程中,在充分表达原文意义的基础上,译文必须让接受者理解,并且在目的语文化中使其译文在交际环境中发挥作用。因此,要提高医院双语标识译写的质量,不仅要加强译者的语言功底,更要深入了解两种文化之间的差异。

第二节 社会文本视角下兰州市双语标识语翻译规范研究

Chapter One Introduction

1. 1 Background of the Study

With regard to the researches on bilingual public signs translation, it has a comprehensively long history in Western countries, which Vinary & Darbelne are the pioneers in 1959. While in China, the researches started in 1989 and then developed rapidly. After China enters the 21st century, its comprehensive national strength has improved markedly and economy has also enjoyed rapid and sustained growth.

Meanwhile, numerous Chinese go abroad while more foreigners come into China for economic-operations, cultural exchange or even long-term living. Especially after the success of the 2008 Beijing Olympics, Shanghai World Expo 2010 and Nanjing Youth Olympic Games 2014, regulations and standards have been made and issued in many big cities around the world. Under such a circumstance, bilingual public signs play an important role in this process, which are widely used to provide essential information for the public.

Thus, public signs translation plays an increasingly important role in our daily life that it can reflect the civilization degree of a city, or even a whole country. It has drawn sufficient attention of both local government and society to improve the translation quality. Appropriate translation can make a good impression on foreigners, while mistranslation may make a bad impression and exert negative influence on the image of a city.

As is known to all, public signs translation is an important part of applied translation. Many qualified researches have been done concerning wide aspects, but little investigation is conducted under the guidance of new theories or specific empirical researches. That is to say, new breakthroughs in the field of research theories and methods have not been made. Culture factors, an indispensable part in public signs translation, have always been the focus of investigations in recent years. As public signs translation is a kind of cross-cultural communication, with respect to social cognition, a public sign is an independent discourse pattern, which reflects certain social functions, conveys different aspects to information and owns distinctive attribute of social text. Therefore, the present study tries to make an empirical study of public signs, which makes the analysis more convincing. In view of this, the study of the translation on public signs in Lanzhou is very urgent, stimulating and significant.

1.2 Objective and Significance of the Study

As an independent discourse pattern, public signs make a great contribution to the development of society. In order to bring convenience to foreigners, facilitate their lives and make them know more about China, bilingual public signs are necessary to be offered in public. Hence, appropriate public signs translation can not only ensure the comprehensive understanding of foreigners, but also help to build a positive international image of a city, or even a whole country. Although many experts and scholars exert efforts in public signs translation, the present situation of translation still has many problems. Some translation mistakes can be found especially in some places where foreigners frequently appear. Therefore, it is of great necessity to make an investigation on public signs translation.

Lanzhou, one of the most important central cities in the western region of China, is an important node city in the Silk Road Economic Belt. It has attracted a large number of international friends from various regions on the basis of the rapid development of economy, industry, and rich tourism resources, and still along with the establishment and development of Lanzhou New Area, which ranks the first in the northwest area and the fifth in China's new national district. Public signs have been extensively used in every aspects of our lives, thus the most basic needs of passengers and tourists must be met by public signs without asking. Based on the great significance of public signs in public and tourists' lives, any ambiguity, misunderstanding and misuse of public signs can result in serious consequences. Therefore, it is urgent and necessary to have an investigation on bilingual the translation on public signs in Lanzhou.

Thus, the study on the translation on public signs in Lanzhou in light of society textuality theory is of both theoretical and practical significance. On the one hand, although public signs translation has aroused considerable public attention, very few studies have taken social textuality as the theoretical framework. In this sense, a systematic study of public signs translation in light of social textuality is of great necessity and theoretical significance. On the other hand, owing to the importance of the translation on public signs in Lanzhou, it is no doubt that great practical significance will have an impact on improving the city image of Lanzhou.

This thesis, which makes a specific analysis of the translation on public signs of Lanzhou under the social textuality theory, intends to find out the mistakes of translation, classifies the problems in translation and puts forward some practical solutions. By doing so, more attention will be aroused.

1.3　Framework of the Thesis

This thesis is made up of six chapters, which begins with introduction. Then five aspects will appear in later chapters.

Chapter one is a general introduction of public signs translation including background, objective, significance as well as the structure of this thesis given in this part.

Chapter two is the literature review, which takes an overview on previous researches of public signs translation both at home and abroad.

Chapter three is theoretical framework of this research. First of all, some basic concepts of public signs are introduced, then the social textuality theory is elaborated in detail. In the end, some related cross-cultural theories are also introduced.

Chapter four elaborates research design of this study, in which research questions are to be discussed, and data collection and research procedure are introduced. What's more, data analysis is also interpreted in detail.

Chapter five serves as a vital part in this thesis, in which social textuality theory and related cross-cultural theories are adopted to analyze the collected public signs in Lanzhou as well as their causes and corresponding solutions.

The final part comes to the conclusion, in which the main findings and limitations of the research are presented as well as some suggestions for future researches of public signs translation.

Chapter Two   Literature Review

Both domestic and overseas scholars have contributed a great deal to the study of public signs translation. In foreign countries, it has enjoyed a long history for the research of public signs translation. However, the public signs translation has been a heated topic of translation only in recent years in China. Over the past decades, issues related to bilingual public signs translation have received much attention in Chinese academic field. And along with the success of the 2008 Beijing Olympics, 2010 Shanghai World Expo and 2014 Nanjing Youth Olympic Games, these issues have been a major concern of Chinese governments at different

levels. Regulations and standards have been made and issued in Beijing，
Shanghai， Guangzhou， Nanjing， Shenzhen， Qingdao， Shandong，
Jiangsu，Zhejiang and other cities and provinces to enhance the translation
qualities of bilingual public signs in these areas.

2. 1　Studies Abroad

The study of public signs translation was started by Vinary and
Darbelnet in the west in 1959，which own a relatively long history abroad.
The research done by them showed the difference about audiences'
reaction to the poor translations in both idiomatic parallel texts and public
road signs. To be specific， "wrong French-Canadian road signs
(translated versions of the English signs familiar in the USA) may have
different meanings from authentic road signs in France (Snell-Homby，
2001)".

In terms of the academic studies of Western scholars， some of them
have tried to define public signs. In 1980， Canale and Swain claimed that
"a public sign is a kind of text and graph information which is open to the
public and is closely related to life， production， ecology and occupation"
(Canale & Swain，1980).

Landry and Bourhis (1997) elaborated that "linguistic landscape
refers to the visibility of language on objects that mark the public space in
a given territory including names of streets， buildings， places and
institutions as well as advertising billboards， commercial shop signs， road
signs and even personal business cards" (Landry&Bourhis， 1997).
What's more， they also summarized that "linguistic landscape has two
basic functions： informational function and symbolic function "
(Landry&Bourhis，1997). Then many scholars were encouraged to do
more researches on this term. With reference to this framework， foreign
scholars discussed public signs translation respectively in Israel，
Bangkok， Tokyo， etc.

With regard to the researches of linguistic landscape， multilingualism
has been the major research emphasis in later researches. Great progress

has been made during this period by conducting empirical researches concerning this part. Peter Backhaus (2006;2007), one of the authorized representatives, carried out an investigation in non-Japanese signs in Tokyo. Jasone Cenoz and Durk Gorter (2006) also made a detailed analysis of public signs translation in Basque Country and Friesland. In the same year, Durk Gorter held that "multidisciplinary approaches from linguistic, sociological or sociolinguistic perspectives are also relevant for a better understanding of the linguistic landscape. Moreover, for instance, certain perspectives in psychology and geography can give us more insights into possibilities for a deeper knowledge of multilingualism" (Durk, 2006).

Guy Puzey (2007) probed into general situation of public signs translation in Norway, Scotland and Italy combined with current policies. Later in 2008, Sebastian Muth (2008) made a further discussion in public signs translation of Vilnius, which paid more attention to city's ethnolinguistic diversity.

However, some others were interested in funny public signs translation found in people's everyday life. Doug (2005) accomplished a collection of weird public signs, in which numerous real public signs were collected from all over the world by a group of scholars. They were mostly humorous or even ridiculous signs as a result of grammar, culture and translation mistakes. Oliver Lutz Radtke, a German expert, has been engaged in gathering funny English versions that were typically Chinglish. He vividly demonstrated the phenomenon of Chinglish in public signs translation with the photos he took in China in his book named *Chinglish: Found in Translation* in 2007. This book reflects the difficulty of the English translation of Chinese public signs and sheds light on the translation strategies concerning the cultural context. What's more, the mistranslations of Chinese public signs in English were presented in an interesting and insightful way. It not only brought entertainment to people, but also urged Chinese to be aware of the poor public signs translation and pursue qualified ones.

To sum up, studies abroad are primarily based on the theoretical framework of "linguistic landscape". About researches, foreign researches on language specification of bilingual public signs pay more attention to the content of the first language and little attention to the foreign language. Still, there exists even less researches on the foreign language specification of public signs of facilities. Secondly, researchers abroad carries out generalized public sign text from the perspective of "linguistic landscape", most of which are language culture and translation focused on technicality, topicality and limitations. These researches are lack of informatization, standardisation, functionalization, socialization and specification when combined with the construction of facilities.

2.2　Studies at Home

Duan Liancheng, an excellent journalist, the first person who paid attention to public signs translation for the first time in his book, *How to Help Foreigners Know China* in the early 1980s. Obtaining some effective communication techniques and skills to build a good nation image was asserted in his book. He Ziran was a famous linguist and pioneer focusing on the study of public signs translation. He asserted that public signs should be translated under the guidance of acceptability.

Since the 21st century, the studies on public signs translation have been a hot topic because of the importance to the public. Many group-centered researches for public signs translation have great influences because of the flourishing of public welfare activities. Such activities gain warm welcome for their contributions to the social development.

The first dictionary specialized in public signs translation named *Chinese-English and English-Chinese Sign Translation* was compiled by Yu Fuling in 2003, which made a great contribution to the studies of public signs translation. And also in this year, Li Changjiang (2003) published an article entitled "Translation of Public Signs and Warning Signs on Chinese Translation" (2003), in which he analyzed the characteristics of public signs from the practical point of view, and at last some reasonable suggestions were put forward on public signs translation.

In 2004, the book *A Chinese-English Dictionary on Signs* was edited by Lv Hefa and Shan Liping, which was considered to be the first guidebook in the field of public signs translation and also marked a great advancement in translation by a more systematic way.

In 2005, Beijing International University held the first symposium on public signs translation, which attracted more than 100 experts and scholars, and converged some valuable advice on how to translate public signs. The symposium is a milestone in the study of public signs translation, which have a profound impact on further study on this issue. Huang Youyi (2005) who was the secretary of the Translators Association of China addressed in the meeting. He pointed out that "Chinese translators are facing an arduous task in the orientation of public signs translation" (Huang Youyi, 2005). It is required that translators should take target readers into account. In 2007, Wang Ying and Lv Hefa contributed a pioneering book with the name of *Chinese-English Translation of Signs*, which elaborated translation theory with an innovative approach in light of public signs translation.

A large scale of systematic studies of public signs have been carried out, which are published by the guidance of various theories. Some of them mainly focus on three perspectives, namely, translation approach, cross-cultural communication approach and pragmatics approach.

2.2.1 Translation Approach

With regard to translation approach, many scholars have conducted a series of studies on public signs translation, which lay a solid foundation for later researches. Especially after the introduction of functionalism from German into China, scholars have focused their studies on the theory of functionalism to analyze mistakes in public signs translation.

Ni Chuanbin and Liu Zhi (1998) co-edited an article named "The Translation Principles of Public Signs and Case Analysis", which was published in Shanghai Technology Translation (1998:2). They think five principles which should be kept in process of translation were listed including concise words, simple words, appropriate words, standardization and humorous.

Lv Hefa(2004) made an overall analysis of public signs translation from the perspective of the functional perspective. He stated that "the functional classification of public signs translation includes directing, compelling, restricting and promoting" (Lv Hefa, 2004).

Zhang Meifang (2006) made an intensive analysis on language features, text types and functions of public signs within the framework of functionalist approach. Besides, on the basis of text typology, she called on translators to take certain translation strategies in the process of translating public signs. Wang Ningwu (2006) pointed out that "three rules should be followed in translating public signs, namely, skopos rule, coherence rule and fidelity rule on the basis of skopos theory" (Wang Ningwu,2006).

Li Ling (2007) analyzed public signs translation by means of a methodology of Descriptive Translation Studies. In view of context theory, Huang Tian (2007) pointed out that "translators and readers should choose appropriate role relationship based on different discourse context in the process of translating public signs" (Huang Tian, 2007). In 2007, Niu Xinsheng analyzed the translation on public signs in Ningbo from the perspective of vocative function, and he also proposed "three translation methods: borrowing, imitating and creative translation method" (Niu Xinsheng, 2007).

Li Shujie and Fan Lei (2008) put forwards that "three translation methods: borrowing, imitating and creation" (Li Shujie & Fan Lei, 2008) in translating public signs based on German functionalist approach. In 2008, Liu Wei pointed out that "the translation errors of public signs could be divided into four categories: lexical mistakes, grammatical mistakes, cultural misunderstanding, harsh words and Chinglish" (Liu Wei, 2008).

Wang Wenting (2009) gave some suggestions on improving the quality of public signs translation by using the theoretical framework of functional equivalence in her paper named "C-E Translation of Public Signs in Light of Nida's Functional Equivalence Theory." She first categorized the mistakes in public signs translation and then under the guidance of Nida's Functional Equivalence she put forward some suggestions on how to improve translation.

Wu Dan (2010) analyzed pragmatics, cultural and linguistic translation mistakes by taking public signs translation in Xiamen as an example. In the end, some strategies were proposed on the basis of functionalist approach. Yang Fan (2010) discussed the problems that existing in public signs translation in Wuhan, and he claimed that "two levels of errors in public signs translation are concluded: linguistic level and cultural level from the perspective of functionalist approach and different strategies are used to revise the errors in different levels"(Yang Fan, 2010).

Wang Qianqian (2012) probed into eco-translatology in translating public signs. She made a detailed analysis in the application of eco-translatological methods from three dimensions: language dimension, cultural dimension and communicative dimension.

Qiu Liyuan (2013) studied public signs translation with reference to Skopos Theory and she put forward that "four translation categories for avoiding Chinglish phenomenon in public signs translation includes heightening awareness of English culture, enhancing linguistic knowledge in both Chinese and English, avoiding word-for-word translation and omission" (Qiu Liyuan, 2013).

2.2.2　Cross-Cultural Communication Approach

In recent years, researches of public signs translation have adopted different perspectives and angles in analyzing problems in translation, among which cross-cultural communication approach is adopted extensively with some valuable suggestions provided.

The well-known linguist He Ziran firstly put forward the study of public signs translation on the basis of intercultural communication in 1997.

Huang Youyi (2004) pointed out that "translators of external publicity should observe three translation principles, which includes pressing close to China's realities, foreign audiences' needs for Chinese information and thinking patterns of foreign audiences" (Huang Youyi, 2004). He also stressed that "cultural difference should be considered in the bilingual translation in order to bridge over the cultural gap" (Huang Youyi, 2004). And the habit of foreign languages should be got acquaintance with. At the same year, Lv Hefa claimed that "owing to the rigid normalization, standard and inheritance, public signs of the same function in Chinese and English cultures should be translated accordingly" (Lv Hefa, 2004).

He Xueyun (2006) asserted that "translators should pay more attention to the features and functions of language as well as culture differences in public signs translation" (He Xueyun, 2006). In other words, translators should put readers' cultural custom in the first place. Then some valuable strategies were put forward by means of analyzing the current situation of public signs translation.

Xu Zhiheng(2007) pointed out some errors in linguistic and cultural aspects, then the reasons were provided. He hoped that "translators would lay emphasis on those errors and dedicate themselves in improving the quality of public signs translation" (Xu Zhiheng, 2007). Hu Zouyou and Ren Jingsheng (2007) wrote an article named "Cross-cultural Communication in Advertising Translation from the Fusion of Horizons", which pointed out that "successful advertising translation needs translators to put readers in the first place, so that the intention of cultural exchange and publicity can be achieved" (Hu Zouyou & Ren Jingsheng, 2007).

He Xiaojia and Qiu Chunyan(2008) put forward some strategies for improving public signs translation from the perspective of cross-cultural awareness in the article "Cross-cultural Awareness and Translation of Public Signs."

In 2009, Huang Dexian and Du Xiaojun listed that "ten

misconceptions in public signs translation: not taking target readers into consideration, ignoring the importance of graphs in public signs translation, taking no account of cultural differences, etc" (Huang Dexian & Du Xiaojun, 2009).

2.2.3 Pragmatics Approach

Many scholars are also inclined to discuss public signs translation from the perspective of pragmatics.

In 1997, He Ziran published another book called *Pragmatics and English Learning*, in which public signs translation was discussed mainly from the perspective of pragmatics. And in 1998, he edited the *Social Pragmatics Proceedings* and after that scholars began to focus their studies on the translation and pragmatic failures of public signs from the perspective of pragmatics. In the same year, Yu Weichang analyzed the problems on the translation of social sign language in Guangzhou, which mainly focused on grammar errors, the monotonous speech act model, and the unexact expression of meanings.

Zhang Xinhong (2000) made an investigation of the pragmatic failure on the translation of social language in Guangdong based on the theoretical framework, Pragmatic Failure Theory.

Li Huaikui and Li Huaihong (2004) pointed out that "empirical method could be used to analyze Chinese-English name of tourist attractions and the problem of pragmatics equivalence" (Li Huaikui & Li Huaihong, 2004).

Luo Xuanmin and Li Shiwang (2006) conducted a research on public signs translation from the perspective of Speech Act Theory of Austin. Chen Shuying (2006) paid more attention to the pragmatic failures of public signs translation. He Xueyun (2006) thought that "translators should attach more importance to functions and features of language itself as well as cultural differences in public signs translation in the process of translation and readers' cultural custom should be put in the first place" (He Xueyun, 2006). In addition, he also put forward some valuable strategies for public signs translation.

Qu Qianqian (2007) presented that "three principles of public signs translation: faithfulness, cross-cultural pragmatic equivalence, conciseness and 'eye-ball effect' from the perspective of cross-cultural pragmatics" (Qu Qianqian, 2007).

Wen Lanfang (2009) discussed pragmatic errors respectively from the perspectives of language and social communication in public signs translation. In the end, she came to the conclusion that " in order to attain pragmatics equivalence, pragmatic principles should be taken into consideration, which is composed of cooperation principle and politeness principle" (Wen Lanfang, 2009). Wang Bo (2010) analyzed the inappropriate English versions of public signs in Hainan, and he pointed out that "appropriate public signs are of great significance in economy and culture, especially in a well-known tourist city of Hainan" (Wang Bo, 2010). Thus, he proposed that " three translation methods: transliteration, literal translation and free translation" (Wang Bo, 2010) in the process of translating public signs from the perspective of pragmatics.

Recently, the study on bilingual public signs enjoy a growing interest in sociolinguistics. Professor Yang Yonglin (2010) in Qinghua University made an empirical investigation of public signs translation in Beijing under the guidance of social textuality theory, in which public signs are regarded as a special social text conveying certain social function. Social textuality theory is one dimension of the theoretical framework of social-cognition. Together with his students, almost 1800 photos are collected in Beijing. Then the collected signs are analyzed respectively from the perspectives of pinyinization, informative issue, textual issue and cross-cultural issue, safety issues and signs only in Chinese. The purpose of his investigation is to eliminate translation errors, and then certain norms and standards in regulating public signs can be provided so as to promote social development.

In terms of the researches of the translation on public signs in Lanzhou, Gansu Province, related researches are rare. In 2012, the first article on the translation of public signs in Gansu was written by Tian Xibo and Guo Jiayi, which was titled "Analysis of the English Public Signs in a City—Taking a City in Gansu as an Example." This article summarized and analyzed the problems in these rendering of public signs and some strategies were put forward to solve the problems. In the same year, Tian Xibo discussed the translation on public signs in several cities in Gansu from the perspective of pragmatic failure, which finally put forward higher standards to translators by comparing pragmatic linguistic failure and socio-pragmatic failure appeared in translation. In 2016, she analyzed the translation on public signs in Gansu Province based on sociosemiotics in the paper "A Study of the Translation of Public Signs Based on Sociosemiotics—A Case Study of Cities in Gansu Province", which an analysis of the failure in referential meaning, the failure in linguistic meaning and the failure in pragmatic meaning from the perspective of sociosemiotics were made and higher demands for translators were also put forward. While, other articles discussed the translation on public signs in Lanzhou just by stressing the importance or finding simple linguistic and grammar errors, etc.

In summary, many scholars have contributed a lot to the public signs translation by analyzing them in different approaches. The research results are fruitful and some multidisciplinary researches on public signs translation have emerged along with the further development of the researches. Although many researches on public signs have been carried out above, many of them mainly focus more on the perspective of translation. There is no research discussing the public signs translation under the guidance of a rather comprehensive theoretical framework. Most of the researches are descriptive of errors whereas a few investigate the essentials of various translation problems. And even fewer talk about how to foresee and avoid the potential challenges in translation. Even worse, systematic strategies and procedures in dealing with public sign translation are in shortage. Therefore, the research of the public signs translation has not been systematic in China.

As to the researches of the translation on public signs in Lanzhou, they are limited and some mainly focus on superficial comments about language itself. Most of them lack not only macroscopic guidance but also micro-empirical investigation. In addition, these researches pay more attention to the problems in public signs translation and they are short of new research methods. Still, there are few researches discussing public signs translation based on reliable and supportive data.

Therefore, this thesis analyzes the translation on public signs in Lanzhou in an interdisciplinary way of sociolinguistics, which draws lessons from Professor Yang's theoretical framework by focusing more on social factors based on translation approach, cross-cultural approach and pragmatics approach. Then inappropriate public signs translation is classified into groups with detailed analysis.

Chapter Three　Theoretical Framework

3.1　Public Signs

Public signs, a symbol of modernization, urbanization and socialization, have been an indispensable part of modern social life. They not only provide much convenience for natives and foreigners, but also help to improve a nation's international image and the construction of humanistic environment. With the greater significance of public signs, it is of vital significance to understand the definition, characteristics and classification of public signs.

According to Dai Zongxian and Lv Hefa (2005), they pointed that "public signs are shown publicly, offering a kind of warning, direction, notification and other closely related literal or graphical information. They are open to the public, official notice, reminder, display, warning, mark and relevant words or graphical information that is related to daily life, production, lives, ecology, and means of livelihood" (Dai Zongwei, Lv Hefa, 2005). Yang Quanhong (2005) held that "public signs are special kinds of writing styles in the form of a few words, pictures, or a combination of words and pictures, which are used to attract people's attention or serve as a kind of warning" (Yang Quanhong, 2005). Also, Yang Yonglin (2010) asserted that "a public sign is an independent discourse text, which reflects certain social function, conveys different aspects of information and owns distinctive attribute of social text" (Yang Yonglin, 2010). In the concrete social context, the interpretation of a public sign is achieved by social interaction and pragmatic interaction of texts. Among all these definitions, some are concrete and some are general. And scholars conduct researches on public signs translation from the perspectives of linguistic styles, functional characteristics, cultural differences, etc.

To sum up, as a special practical language, public signs are aimed to convey some specific communicative purposes for a certain group of people, which has a wider application in our daily life including street name signs, traffic signs, safety signs, sports and travel signs, warning signs and so on. Meanwhile, since public signs are used for achieving communication, they convey useful information by several short, brief, eye-catching words, drawings or a combination of words and drawings, which owns the function to serve for the public. In conclusion, it cannot be denied that public signs play a significant role in our daily life.

As public signs are extensively used for bringing convenience to the public, they are required to be simple and clear enough for people to understand in very limited time. Therefore, brevity and conciseness are of crucial importance. Lv Hefa (2004) asserted that "public signs own four functions in the perspective of practical application, which are directing, prompting, restricting and compelling" (Lv Hefa, 2004). These four typical functions are emphasized by language itself and they are basic functions of public signs. Since public signs serve as a kind of special signs from a relatively broad social perspective, they play different roles including providing information, arousing interest, deepening comprehension, promoting image and serving society. Besides, public signs are also an independent discourse text, Niu Xinsheng (2008) drew the conclusion that "public signs fall into the vocative texts, performing such functions as directing, reminding, warning, informing, persuading and propagating" (Niu Xinsheng, 2008). Li Qun (2011) considered that "public signs mainly fall into vocative and appellative text, whose core function and ultimate purpose is to induce the receptors to act, to say, to think, to feel and to act, etc. in accordance with the intended purpose of text" (Li Qun, 2011).

Public signs can be divided into different groups based on the related factors such as social application. Dai Zongxian and Lv Hefa (2005) pointed out that "public signs own two different types of information states, which are static state and dynamic state. Public signs carry the static indication, which plays the functions of serving and directing" (Dai Zongwei & Lv Hefa, 2005). While dynamic state serves to remind people what to do or not to do, which are set in places like institutions, emergency areas and traffic places. According to Yang Yonglin (2010), an obvious categorization feature was included in his book *Picture Manual for Sign Translation*. On the baisis of the principles of openness, dynamism and cross reference, he pointed that "public signs can be primarily divided into 11 types, which are general signs, directory signs, street name signs, traffic signs, notice signs, fire signs, safety signs, notice signs, warning signs, danger signs, sports and travel signs" (Yang Yonglin, 2010). With the process of standardization of urban facilities and in order to meet the needs of society, all these kinds of types can be added at any time.

3.2　Social Textuality Theory

Public signs translation has strict standards, it can't live without guidance of linguistics theory, understanding of immigrating culture and research of relationship between language and culture. In other words, standard and appropriate translation of public signs depends on the truly understanding of British and American culture instead of language innovation of translators. Thus, translation quality relies more on the same reaction of the readers after reading the translation.

Secondly, sociolinguistics in the intercultural context is of great importance, globalization needs local culture to go out and localization needs to bring in foreign theories and technologies. In the process of globalization and localization, misreading and misunderstanding are becoming serious due to different cultures and languages. Public signs, as a written language, can lead to misunderstanding owning to the shortage of communication. Therefore, in intercultural context, whether public signs translation is appropriate matters not only to the level of foreign language, but to a systemic project, which relates to the understanding of the social text and the connotation of cultural interpretation.

In view of social cognition, a public sign is an independent discourse pattern, which reflects certain social function, conveys different aspects of information and owns distinctive attribute of social text. Most importantly, public signs have specific social textuality. In the bilingual environment, social textaulity of public signs is reflected not only on how to keep balance among four factors including culture, expression, function and complexity, but also on fully achieving effective indication. In the concrete social context, the interpretation of a public sign is achieved by social textuality interaction and pragmatic intentionality interaction (Yang Yonglin, 2010). According to Yang Yonglin, a public sign makes up a social text and should be interpreted in the actual social context. Based on this concept, social textuality of bilingual public signs can be interpreted through five aspects, which is shown in Figure 3. 1.

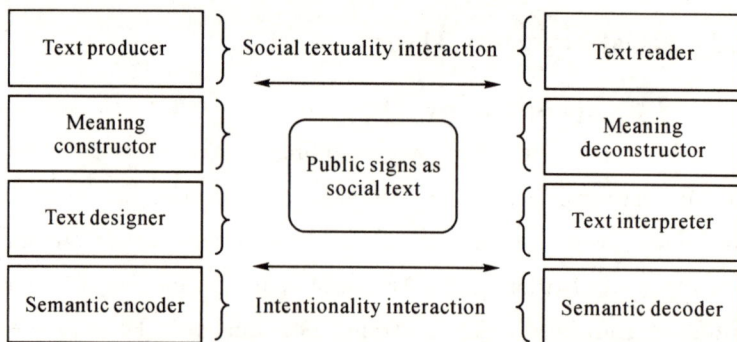

Figure 3. 1   Social Textuality Theory(Yang Yonglin, 2010)

In the first place, bilingual public signs, as social texts, the primary function of which is to achieve communication. In bilingual circumstances, owning to the factors of culture difference, language disparity, functional diversity, information asymmetry, translating accuracy, etc., only by dynamic interaction of multi-role between text writer and text reader that the accurate interpretation of bilingual public signs can be achieved. The service relationship between writers and readers, a communication relationship "services and needs" of information, is first reflected during the interaction by means of offering related messages to readers through public signs by writers.

The interpreting relationship between meaning constructor and meaning deconstructor is also reflected. By coordinating tripartite relationship among sign text, sign function and sign location, meaning constructor accomplishes the communication between meaning constructor and meaning deconstructor smoothly and harmoniously.

The target relationship between text designer and text interpreter is also reflected by the arrangement of form and content, which is aimed at realizing the functional target of text expression and interpretation.

Meanwhile, the interaction relationship between information encoder and information decoder is also refracted. By interactive cooperation between information encoder and decoder, all the information targets can be accomplished, which include whether setting the useful signs, realizing the functional characteristics, expressing accurate message, clearing the textual content and achieving the interpretation goals.

At last, different from the daily common communication, the interpretation of the meaning of bilingual public signs is conducted between static presupposition and dynamic public group, during which exists one-dimension interpretation characteristic. And during this process, diverse meaning potentials, different understanding and different interpretations of meaning can be caused between text writer and reader owning to lacking of face-to-face communication, negotiation and correction. Thus, the interpretation of the text owns more uncertainty elements. The public cannot understand accurate intention of reader for what they see is just the static text. In other words, because of the shortage of standardized index for the public, a syndrome of closed reading is caused easily. Therefore, based on the diversity characteristics of bilingual public signs, people can choose different perspectives in different settings to understand unknown information.

Therefore, facing such complexity and the introduction of the theory of social cognition, social textuality of public signs is especially highlighted through the identification of multi-role between writer and reader and the interaction among writer, reader and text, which a syndrome of closed reading can be resolved effectively and the observer's paradox or the Labovian paradox can be avoided. During the process, social textuality interaction and intentionality interaction will be emphasized.

Culture difference, language disparity, functional diversity, language disparity, translating diversity and information asymmetry make up the principle and the main content of social interpretation of bilingual public signs. With regard to social textuality, five textuality relations can be concluded including culture difference, functional direction, linguistic expression, multiple relevance and notice text. Firstly, cultural difference, functional direction and linguistic expression of bilingual public signs are directly related to the translation of social texts under bilingual argumentation environment. Then, contextuality, multiplicity and intersectionality of bilingual public signs are a group-based parameters. A good translation text should focus more on the complexity of public signs. In fact, many mistaken public signs translation is unaware of the four basic principles of special texts containing culture, function, expression and complexity.

Based on the theory of social cognition and social textuality, different perspectives have been taken during the investigation and in the process in interpreting. A stranger's perspective was adopted in the investigation in streets. A tourist's perspective was adopted in the investigation of scenic spots. A consumer's perspective was adopted in shopping setting. A patient's perspective and a passenger's perspective were adopted respectively in hospital and station setting.

3.3　Related Cross-Cultural Theory

American psychologist Rogers (1961) claimed that the real communication was based on understanding. In other words, the real communication cannot be achieved without understanding, even worse, misunderstanding and conflict can be caused during the process. It's generally known that language plays a significant role in our daily life, and the cross-cultural researches are filled with challenges with the existence of diverse cultures and languages. Thus, Rogers put forward three communicative principles, which included learning to consider, feeling and understanding things from others' perspectives. These three principles reflect the functions of communicative psychology in the cross-culture communication. On the basis of these three principles, Yang Yonglin (2010) concluded that three constructive principles in order to handle problems resuted in cross-culture communication. He asserted that successful communication was based on regarding, feeling and understanding problems in others' shoes, fully understanding each other's intentions and adopting dynamic dialogue mode between utterers and interpreters.

In 1970s, social linguist Hymes(1972) put forward "communicative competence is composed of four descriptive parameters: whether something is formally possible, whether something is feasible in virtue of the means of implementation available, whether something is appropriate in relation to a context in which it is used and evaluated and whether something is in fact done, actually performed, and what its doing entails" (Hymes, 1972). From the point of view of globalization, Hymes' communicative competence has achieved great development after gaining widely acceptance and extensive practical value in applied linguistic research area. And its connotation has been redefined, which can be concluded into four aspects of knowledge and ability: grammatical knowledge and ability, psycholinguistic knowledge and ability, sociocultural knowledge and ability and de facto knowledge and ability. Thus it is presented that communicative competence is a kind of practical language usage, during which speakers should take such factors into consideration such as grammar, hearers, communicative occasion, cultural background, etc. People can get actual practical language usage and ability in operation of language, person and society. Owning communicative competence means not only handling sentences with grammar, but also understanding the inherent position and role of the language society as well as rules and strategies of conversation taking such factors into consideration including communicative occasion, conversation and participants. Only by this way, can communicators use appropriate language varieties and accomplish the communication. With respect to public signs translation, Yang Yonglin (2010) pointed out that how to get balanced in grammaticality and appropriacy was the main problem. Then three aspects of problems have been solved in bilingual public signs translation: how to achieve balance between grammaticality and appropriacy, how to coordinate the conflicts between culture difference and language expression and how to overcome various cultural misunderstanding.

Chapter Four   Research Design and Methodology

4.1   Research Questions

The present study attempts to solve the following research questions:

1. From the perspective of social textuality theory, what problems can be found in the translation of bilingual public signs in three administrative districts (Chengguan District, Qilihe District and Anning District) of Lanzhou and Lanzhou New Area?

2. From the perspective of cross-cultural theory, what problems can

be found in the translation of bilingual public signs in Lanzhou?

4. 2　Data Collection

Data collection was carried out from October, 2014. Initially, three administrative districts of Lanzhou are selected, which includes Chenguan District, Qilihe District and Anning District. Then Lanzhou New Area is added. Later, data are collected by a field investigation, which are mainly collected from different public places, such as transportation sections, large supermarkets, downtown areas, scenic spots and so on. Most of the data are photographed and then are transcribed into written form. While some of them are noted down because of blurred image and inconvenience. To sum up, a total of 1019 public signs have been collected. To be specific, all the data collected is a first-hand collection of original information, which can be demonstrated to be more authentic and convincing.

Lanzhou, one of the most important central cities in the western region of China, is an important node city in the Silk Road Economic Belt. Chengguan District, the most important district in Lanzhou with municipal government located in, occupies an important regional position and has unique development conditions. Qilihe District ranks the second according to its overall strength. Anning District has been initially developed into a new high-tech economic and cultural zone with beautiful environment, various colleges and universities and convenient transportation. Besides, with the establishment and improvement of Lanzhou New Area, it ranks the first in the northwest area and the fifth in China's new national district. Thus, these three administrative districts and Lanzhou New Area were chosen in this study.

With the authentic and representative data, the basic situation of the translation on bilingual public signs in the city of Lanzhou can be generally reflected as a whole.

4. 3　Research Procedure

The study began on October, 2014. It proceeded with the following steps: the first stage is the design of research plan and method as well as theoretical preparation. Research scope, direction and research questions are settled at this stage. To be specific, three administrative districts and Lanzhou New Area are selected in the city of Lanzhou. Theoretical framework and study structure are sculpted. Then, data gathering is initiated right after the first stage. The field investigation is carried out in order to get various data by taking photos and taking notes. Thus, the data is all first-hand, relatively authoritative and comprehensive on the whole. Later, transcription of bilingual public signs on the photos is made just after the data collection. Moreover, the data transcribed are categorized into different types in this stage. Meanwhile, a preliminary qualitative analysis of bilingual public signs is made under the guidance of social textuality theory. Finally, a brief summary is presented and further study direction is provided.

4.4   Data Analysis

This study is a qualitative research on the translation of public signs, which is based on the social textuality theory first put forward by Professor Yang (2010). According to the characteristics of public signs, it approaches in an interdisciplinary way of sociolinguistics, and adopts empirical investigation method as well as scientific and rational sampling methods. The study mainly uses the previous research on the translation on bilingual public signs in Beijing region for reference.

Firstly, "grid plan", a kind of investigation method, is introduced into the study as well as the analysis of the translation on public signs from selected areas. This method has been adopted by Professor Yang in the investigation of public signs in Beijing, which is aimed at establishing an informationalized, digital and graphic public signs database. The fundamental principles of "grid plan" can be interpreted as follows: the grid can be formed by longitude and latitude lines, then project the grid onto the map, as a result the investigation areas are subdivided into different cells. Next, field investigation can be carried out by selecting interest points from cells. Specifically, grid density can be increased if there exists high requirements of investigation precision and vice versa. It has proved that the advantage of this investigation method is objective and scientific, meanwhile it is easy to operate and recover. In other words, the investigation scale, content and precision can be revised at any time, according to the specific conditions. Thus, the bilingual public signs in three administrative districts (Chengguan District, Qilihe District and Anning District) and Lanzhou New Area in Lanzhou are analyzed in this study.

Secondly, according to the "thousand-hundred-ten" investigation plan (ten prevailing service industries are picked in Beijing region, then one hundred representative units for each industry are identified, finally one thousand typical non-standard public signs from each units are selected) put forward by Professor Yang in conducting the investigation of public signs in Beijing, five mainstream industries are picked proportionately, fifty representative units are set and five hundred typical non-standard public signs are chosen. And the five mainstream industries are transportation, shopping, catering service, medical service and tourist attractions. However, in Professor Yang's research, only transportation industry was subdivided into ten units, which includes urban road, airport, subway system, railway system, bus system, road system, taxi service, traffic information, transport management, etc. Owing to the difficulties in identifying representative units for each industries, scientific and rational sampling method "thousand-hundred-ten" is adopted in this process. To be specific, five hundred typical non-standard public signs are directly chosen.

Finally, this thesis categorizes and analyzes the collected materials according to " topic partition " based on discourse patterns and classification, which uses the method adopted in the research on bilingual public signs in Beijing region for reference. In short, selected materials are analyzed from six levels: textual issues, romanization issues, cross-cultural issues, informative issues, safety issues and important signs only in Chinese. In terms of each issues, detailed analysis is carried out in distinct social context.

Chapter Five Data Analysis and Discussions

5.1 Analysis of Translated Version of Public Signs

Up till now, The number of original texts collected by photographing and taking notes has reached 1019 and at last nearly 500 texts were left behind for analyzing after repeated siftings in accordance with their repeatability and non representativeness. Facing a large number of texts, "topic partition" is adopted to categorize and analyze all these texts, which is based on discourse patterns and classification. Then a multidirectional, multi-perspective and multifaceted analysis is conducted deeply in this study.

Primary analysis has shown that all these texts can be analyzed from six issues according to social textuality theory. Then, the existing problems of bilingual public signs in the three districts and Lanzhou New Area are discussed, which can reflect the overall situation of bilingual public signs in Lanzhou. Meanwhile, a contribution can be made to fulfill present database of Lanzhou bilingual public signs. These six issues are listed as follows: textual issues, romanization issues, cross-cultural issues, informative issues, safety issues and important signs only in Chinese. And each of them will be discussed in detail with specific public signs.

5.1.1 Textual Issues

In discussing bilingual public signs, it is of great importance to take textual issues into account, which is based on understanding in three aspects. In the first place, a public sign itself constitutes a social text. Secondly, the interpretation of public signs is normally a kind of interpretation of social text in authentic context. Furthermore, the difficulties in translating public signs mainly lie in specific requirements of English texts. Thus, combined with "thousand-hundred-ten" research plan, this study focuses on certain social context and studies the contradictions between culture differences and language expressions by analyzing bilingual public signs in Lanzhou.

From the point of view of textuality, the problems of the translation on public signs in Lanzhou include cultural difference, functional direction, linguistic expression, multiple relevance and notice text. Then all these problems are analyzed in detail with different public signs collected in Lanzhou under different social contexts. Meanwhile, multi-perspective approach is adopted during this analysis.

5.1.1.1 Misinterpretation of Cultural Difference

There are great differences between Chinese and English, including linguistic system, forms and cultures. Since cultural differences may directly produce an effect on pragmatic translation of public signs, which are caused by different patterns of thinking and reasoning. Thus, this kind of mistakes is common in translation, which are grammatically correct but unacceptable for English speakers. Specifically, such mistakes fail to convey culture-specific conventions. Hence, the translators should be equipped with intercultural awareness in the process of public signs translation.

The most frequent mistakes are Chinglish. It is well known that Chinglish is a variety of English used in a bilingual context by means of borrowing some Chinese vocabularies and grammatical structures. Some examples have been offered here:

E. g. 1:宠物禁入　The pets forbids to go into.

This piece of public sign is undoubtedly Chinglish, which is found in front of GUOFANG SUPERMARKET. This mistake is caused by word for word translation. Usually, prompting and restricting public signs are shown in the form of imperative sentence or phrase and the first letter in public signs should be capitalized. The English version is very easy to understand, however, tone here is too tough, which somewhat may make foreign readers feel uncomfortable. The revised version should be "No Pets" or "No Animals Allowed", which is expressed in a better way.

E. g. 2:谢绝拍照　Decline to take photo

This sign is found in front of GUOFANG PARKSON，which is an unconventional expression. To make it easier to be understood，the version "No Photos" is more idiomatic and acceptable. According to Westerners' thinking mode and cultural habits，this concise version successfully brings the appealing function of public signs into play and serves for the target readers.

E. g. 3:公共厕所　Free Toilet

This sign can be commonly seen in public in Lanzhou，which is inappropriate to be translated into "Free Toilet". Since in target language culture，most of their public toilets are open for free. The English version "Free Toilet" would bring confusion to them and leave them a bad impression. Therefore，a suggested translation is "Public Restroom"，which is more acceptable.

5.1.1.2　Issues Related to Directory Function

With reference to the directory function of public signs，the problems mainly focus on categorization. Here are some examples：

E. g. :

急诊抢救室　Emergency Room

急诊诊察室　Emergency Consulting Room

急诊化验室　Emergency Lab

急诊 B 超室　Emergency B-Ultrasound Room

急诊药房　　Emergency Pharmacy

急诊收费室　Emergency Cashier

急诊缝合室　Emergency Suture Room

急诊手术室　Emergency Operating Room

All these public signs are found in Lanzhou University Second Hospital (Correct version：The Second Hospital of Lanzhou University)，which are all directory texts. As has been elaborated above，social textuality of bilingual public signs can be interpreted through five aspects. In order to realize the functional target of text expression and interpretation，the arrangement of form and content of public signs must be emphasized. Thus these signs can be placed in the same category, which can be marked as "Emergency Center". Then all these signs can be subtitled by means of sub-categorization. Consequently, the information of these signs can be grasped at the first sight, which can bring convenience to foreigners.

5.1.1.3　Problems in English Expression

Social textuality of bilingual public signs can be interpreted through interaction relationship between information encoder and information decoder, during which correct message expressions and clear textual content must be ensured. After investigation, it is found that problems are more obvious, which basically include spelling mistakes, improper use of words, redundancy, grammatical mistakes, lexical mistakes and so on. To a large extent, the reason for these problems are due to carelessness and poor linguistic knowledge of translators. Obviously, these inappropriate expressions have a negative impact or even bring confusion to foreigners.

(1)Spelling Mistakes

Spelling mistakes are the most basic and obvious ones in public signs translation that can even be recognized immediately by the primary learners. Generally speaking, this kind of mistakes have nothing to do with translators' competence but low responsibilities. Some examples are listed as follows:

E. g. 1:神奇仙洞　Magieal Cave

This sign is found in Five-Spring Mountain Park. The Chinese public sign "神奇仙洞" is translated as "Magieal Cave", in which the word "Magieal" is misspelled. And the correct version is "Magical Cave".

E. g. 2:红房子西饼　Red Honse Cake

This translation can be seen in the West Station of Lanzhou. Here the word "House" is ridiculously misspelled as "Honse". Then the English name of the shop may puzzle the foreign readers since there is no such word as "Honse". In fact, the right one should be "Red House Cake".

In general, spelling mistakes are common. This phenomenon can also be seen in Gansu Museum, which "贵宾接待室" is translated into "HONORED GUEST RECEPTION ROON". It is an obvious mistake in which "室" is misspelled as "ROON" instead of "ROOM". Around Anning District a sign "茶餐厅" is translated as "Tea Restauran", in which "餐厅" is misspelled as "Reatauran" instead of "Restaurant". Hence, the correct translation should be "Tea Restaurant". Moreover, a well-known sign "行李包裹" appears in Lanzhou West Railway Station. The translation is "Ba gage". The English version of "行李包裹" may puzzle the foreigners since there is no such word as "Ba gage". In fact, the right one should be "Baggage", which is familiar to everyone.

(2)Misuse of Capitalization

Capital letters are conventionally employed in the initial letter of each words in a sentence or phrase in public signs translation. But it is often seen that capital letters are misused in some public signs：

E. g. 1:您已进入无烟区　Smoke-free area

This sign is found in front of the gate of Hospital of Lanzhou University of Technology. In writing the English version of a public sign, each initial letter must be capitalized. And "区" can be translate into "Zone", which is better traslated into "Area" in this context. Thus, a better version should be "Smoke-Free Zone".

E. g. 2:导游图　Tourist map

This sign is found in Five-Spring Mountain Park. And the word "map" is a notional word, which should be capitalized. Then, the correct version is "Tourist Map".

(3)Improper Use of Words

In light of the improper use of words, there is another basic mistake in public signs translation. Due to the great disparities in word usage between Chinese and English, it is necessary for translators to pay special attention to synonyms and polysemys in order to choose appropriate words for English versions of public signs. These words will make translators obscure about what they have seen and distort the original meaning. And some examples are listed：

E. g. 1：白塔山公园　White Pagoda Park

In this sign，"Pagoda" is improper in that it is usually used for India towers，while the word "Dagoba" is appropriate here. This mistake results from wrongly choosing suitable words in the course of translation. Thus，a suggested version of it is "White Dagoba Park". Notably，the interpretation of this example only represents personal view，the original translation will still be used in the following thesis in order to make it clear what it refers to.

E. g. 2：白塔山公园导游图　Directory of White Pagoda Hills Park

The English version of "导游图" is translated into "directory" and it is different from "direction" in that it usually means a book or a list of names，facts，etc，usually arranged in alphabetical order. While "direction" means instructions about how to get from one place to another or instructions about what to do. Thus，the standard version should be "The Direction of White Pagoda Hills Park".

E. g. 3：请勿将杂物扔进便器　Do not throw sundries into toilet

This sign can be found on the train Z56，which shuttles back and forth between Beijing West Railway Station and Lanzhou Railway Station. In this translation，"杂物" is translated into "sundries"，which means various things or objects in English instead of rubbish or waste. Thus，it is not proper here and a more simple word "waste"，"rubbish" or "trash" can replace it. "Do Not Throw Any Rubbish or Waste in Toilet" or "Do Not Throw Paper Towels in Toilet" is better in this context.

（4）Redundancy

With view to redundancy，it refers to unwanted or unnecessary words or phrases in translation. On account of linguistic features of public signs，conciseness is the most important one. A good public sign translation is to express the meaning with fewer words，which can achieve communication successfully. An example below is listed in terms of redundancy：

The sign "总服务台" is translated into "General Information" in the Northwest Bookstore，which is located at Lanzhou West Railway Station.

In this translation, the word "General" is redundancy, in which translator pays no attention to the conciseness of public signs. As pointed above from the linguistic features of public signs, the meaning of signs can be expressed with fewer words, which can make the signs more effective in performing communicative functions. Hence, a suggested version is "Information Desk".

(5)Grammatical Mistakes

Grammatical mistakes receive the most attention in analyzing public signs translation. As Chinese and English own different sentence structures, such mistakes like misuse of plural forms of nouns, subject-verb disagreement, wrong verb tenses, collocation mistakes, etc. are often appeared in translation due to translators' poor linguistic knowledge. Thus, great efforts are required in understanding these ungrammatical expressions. Hence, translators should have a good command of basic linguistic knowledge so as to achieve communication goals successfully. Here are some examples with grammatical mistakes:

E. g. 1:下车请带好随身物品　Please bring your belonging while get off

This translation can be commonly seen on public transportation, in which "随身物品" should be translated as "belongings" instead of "belonging" in that this noun is a countable noun. And the tense of "get" should be changed into "getting". These mistakes are caused by translators' poor knowledge of linguistic expressions, which may directly influence the image of a city. Thus, the translation is suggested to be revised into "Please bring your belongings while getting off".

E. g. 2:工作场地请勿拍照　No Photo

This sign is found in Home Inn. In the expression the word "Photo" serves as a noun, which should be corrected as "Photos". Thus, a better version should be "No Photos".

E. g. 3:请勿吸烟　Please don't smoking

This example is found in Lanzhou University Second Hospital, which owns apparent grammatical mistake. In this translation, the verb used after the auxiliary word "don't" should be the original form. Thus, "smoking" should be revised as "smoke". However, this expression is quite wordy and clumsy, which breaks the linguistic feature of conciseness. Thus, a suggested version is "No Smoking".

E. g. 4:前方学校 Ahead School

This sign is found in Zhangye Road, which shows that there is a school nearby. Generally speaking, the adverb mainly serves as adverbial modifier, sometimes it can also serves as post-positive attributive. Here it serves as a post-positive attributive. Meanwhile, each initial letter of public signs is capitalized. Thus, a better version is "School Ahead".

5.1.1.4 Multiple Impact Involved

Sometimes there is more than one problem in translation. In other words, there may appear linguistic mistakes, cross-cultural mistakes or other mistakes at the same time in a public sign. Some examples are listed below for discussion:

E. g. 1:休闲食品 Eisure Food

This sign is appeared in RT-Mart, which owns spelling mistake as well as pragmatic problems. From the perspective of linguistic expression, the word "Leisure" is misspelled as "Eisure". Then from the perspective of information indication, "休闲食品" is translated as "Leisure Food", which is ridiculous and cannot express the real meaning of Chinese version for the mistake of word-for-word translation. Most importantly, this problem is caused owning to translator's poor understanding of target readers' cultural background. Thus, a suggested translation is "Snacks", which is more acceptable.

E. g. 2:电视监控区域 TV MONITORING OF REGIONAL

The sign appears in Gansu Provincial Hospital. In this translation, there are several mistakes. First, the modified word "区域" is a noun, which should be translated into "REGION" instead of its adjective form "REGIONAL". Besides, the word "REGION" is not appropriate in that it mainly refers to a large area of a country or a world, usually without exact limit. But the word "AREA" refers to a part of a house, office, garden, etc. that is used for a particular purpose, which is more appropriate in such context. Moreover, in terms of the expression, it seems to be a word for word translation, which may confuse foreigners a lot. Hence, a better translation can be "Monitored By Video Camera", "Camera Location", "Closed-Circuit TV In Operation" "Video Monitoring" or "You Are Being Videotaped".

E. g. 3:便后请冲水　Then after you flush

This sign can be seen in Wanda Dept. Store. There are also several problems in this translation. First, this sign translates the Chinese version according to the literal meaning, which surely causes misunderstanding. Then, as Chinese and English own different sentence structures, this sign is the word-for-word translation, which is not a complete sentence. Thus, it fails to convey the information of source text. The translation "Please Flush After Use" is more appropriate and acceptable to foreigners.

5.1.1.5　Problems in Notice Text

Notice signs are notification messages that set up in public to meet safety needs of visitors, tourists, passengers and employees. In bilingual public signs translation, a lot of expression problems exist widely because of lacking of standards, and notice signs are no exception. As is known to all, bilingual public signs, as social texts, the primary function of which is to achieve communication. Thus, for the sake of accomplishing communication successfully, notice signs translation is further discussed in this part under the framework of textuality. Some examples are listed as follows:

E. g. 1:请正确使用自动扶梯,不当使用有危险发生。

Please correct using escalators, improper use of danger.

紧握扶手	Hold on to Handrail
请勿携货车乘梯	Do Not Use Trolley
请勿踩踏边缘	Do Not Stop on the Edge
请勿推童车乘梯	Do Not Use Stroller
照顾孩童	Take Care of Children

请勿将头伸出　　Do Not Stick Your Head Out

请勿跨出扶手　　Do Not Climb the Handrail

请勿追跑打闹　　Do Not Run

This is a notice sign found in Lanzhou West Railway Station. From the English version, a lot of problems can be found, such as linguistic mistakes, pragmatic problems and improper expressions. The first sentence apparently translates the Chinese version according to the literal meaning, in which English syntactic structure is totally ignored. As shorthess and conciseness are the most important features in public signs translation, any unnecessary words can be omitted so as to make it more concise. Then, the revised version can be "Notice to Passengers", "Escalator Regulations and Safety", "Escalator Reminder" or "Escalator Users". A suggested version of the second one is "Hold Handrail". Then in the latter translations, the Chinese phrase "请勿" is translated into "Do Not", which uses an unacceptable manner to convey the idea of prohibiting to do something. Thus, the English of "请勿携货车乘梯" can be translated as "No Carts or Carriages" and "请勿推童车乘梯" can be translated into "No Trolley or Baby Carriage". The English version "Do Not Stop on the Edge" is quite ridiculous, which should be revised as "Please Stand Inside of the Yellow Frame". There is a corresponding expression of "Do Not Climb the Handrail" in English in most translations, and the expression is "No Climbing", so does this situation. In terms of the last translation, this sign is ambiguous and can be easily misunderstood. Thus, the revised version is "No Playing and Running", which can express the real meaning clearly.

E. g. 2:小心地滑　XIAO XIN DI HUA

请勿吸烟　No Smoking

保持安静　Please keep quiet

保持清洁　Please keep clean

保管好自己的物品　Take care of your articles

This notice sign also has many problems in translation, which appears in Gansu Provincial Hospital of TCM. There are many problems in this translation, including pinyinalization and alphabetic problems. The English version of "小心地滑" adopts pinyinalization, which fails to convey the meaning for most foreigners know little about pinyin. The revised version is "Caution, Slippery", which can express the original intention successfully. It is known that each initial letter of public signs is capital letters. Thus, according to the writing standards, a suggested version for the third one and the fourth one is "Keep Quiet" and "Keep Clean", which can be consistent with the above translations in the form. And the correct form of the last translation is "Take Care of Your Articles".

5.1.2 Romanization Issues

During investigation, the perspective of an information seeker was adopted. In other words, diverse perspectives were adopted in different settings. It has shown that the translation of proper nouns involves numerous problems in China, which directly relate to policy, culture and expression.

Political issues mainly reflect on how to use and solve pinyinalization problems in translation. Pinyinalization is an important proposition especially in bilingual street public signs translation. Solutions to these problems depend more on how to consider it on the theory level, and how to realize pinyinalization principle on operating level as well as how to cross cultural gap through flexible forms when contradiction occurs.

Cultural issues mainly focus on whether it is necessary to hold back cultural characteristics of Chinese names and how to retain this kind of tradition in the translation of proper nouns.

Expression issues are closely linked to two issues mentioned above and language structures of translation. Which translation principle and method should be adopted can not only reflect the convention of Chinese names but also take full accounts of English structures so as to ensure the realization of expressiveness and appropriateness of translation. From the perspective of linguistic theory, these problems are related to the expression of noun phrases with certain standards. Owing to high presence of proper nouns in public signs for direction, five categories are identified in translation of proper nouns, which are the names of streets, shops, scenic spots and institutions. Thus several examples are listed for detailed analysis in this part.

It is very commonly seen in Lanzhou that pinyinalization is used in public signs instead of English versions. However, owing to the fact that target readers of translated public signs are foreign visitors, they cannot understand characters or even the exact meaning of pinyin.

Obviously, in light of translations of street public signs, pinyin is absolutely competent of accomplishing communication purposes and conveying certain message to target readers. Besides, pinyin is more convenient for foreigners to find the place since most of native speakers in China cannot use oral or written English efficiently to provide help for them. Therefore, public signs with only address like bus stop board and street signs are more likely to employ pinyin method while others like billboards of store, restaurant, and government buildings need to be translated in a traditional method. Because those billboards contain not only the address but also what organization of that building is.

5.1.2.1　Inconsistent Names

There are different translation versions for a place name, a specific event or thing. And this type of public signs exerts greater influence and a series of problems. This phenomenon appears not only in translation of place names but also directive place names and public signs with caution function. It's translator's responsibilities to make the form and meaning of public signs in consistent. Some examples are listed as follows:

E. g. 1:Dunhuang Road: 古·摄影　GU PHOTO

Zhangye Road: 古·艺术摄影　SHOW Photo Graphic

These two signs can be found in two different places, which are respectively at Dunhuang Road and Zhangye Road. They refer to the same studio. But inconsistency appears in these translations. Thus, a better translation is provided, which can be " Bridal Studio".

E. g. 2:Wudu Road: 金岛咖啡商务休闲　GOLDISLAND

Wudu Road：金岛咖啡 咖啡 洋酒 茶艺（武都路一分店）JINDAO

In the translation of these two signs，consistency is also appeared. The first adopts an English version，while the next one adopt pinyinalization. Hence，a suggested version is "Gold Island Coffee".

5.1.2.2 Pinyinalization

As has mentioned，many people take it for granted that many foreigners have learnt some pinyin before coming to China. Usually，there is a misunderstanding that knowing pinyin means understanding the real meaning of Chinese characters. Thus，translating public signs into pinyin is a kind of irresponsible beharior. Actually，they don't understand the true meaning of public signs when signs are translated into pinyin. However，this phenomenon can easily be seen in many places. Moreover，spelling mistakes are a common phenomenon in translation. It may not result in misunderstanding，but definitely leave poor impression. Spelling problems in pinyin can also be seen in many public signs translation. Here are some examples：

E. g. 1：白塔山公园站 BAI TA SHAN GONG YUAN STOP

This sign，seen in front of the front door of Lanzhou White Pagoda Hills Park，it is also translated into a version adopting pinyinalization instead of an English version. A suggested translation is offered " The White Pagoda Hills Park Stop".

E. g. 2：兰州西客站 Lan zhou xi ke zhan

This translation is found around Lanzhou West Railway Station，which adopts pinyinalization. It is known that target readers of translated version of public signs are foreigners，they are the people who know nothing about the true meaning of pinyin，sometimes they even cannot read them. Thus pinyin cannot embody the functions of English. A suggested version of it is "Lanzhou West Railway Station".

E. g. 3：兰州市白塔山公园后门售票处 LAN ZHOU SHI BAI TA SHAN GONG YUAN HOU MEN SHOU PIAO CHU

Another case in point is in spelling problems in pinyin. The sign "兰州市白塔山公园后门售票处" is translated into
" LAN ZHOU SHI BAI

TA SHAN GONG YUAN SHOU PIAO CHU". It mistranslates Chinese "兰州" as "LAN ZHOU" instead of "Lanzhou", and "白塔山公园" as "BAI TA SHAN GONG YUAN" instead of "White Pagoda Hills Park", which all adopt pinyinalization. But this method is improper for foreigners to grasp the information. A suggested translation is "The Back Door Ticket Office of Lanzhou White Pagoda Hills Park".

5.1.2.3　Formatting Problems

In terms of formatting problems, the cause mainly lies in translators' carelessness. Specifically, capitalization is a unique feature of English, which is often overused. Here are some examples:

E.g.1:魔方.KTV　Rubik's cube

This is an example of mixture of capitalized letter and small letters. This problem should also be noticed in the translation of shop names as they can be written either in all capitalized form or with the first letter capitalized of every word. Thus, the translation "Rubik's Cube KTV" is better.

E.g.2:COLOR 慢摇吧　COLOR club

This translation is also an example of mixture of capitalized letter and small letter. Hence, a better version can be "Color Club".

5.1.2.4　Spelling Problems in English

As is known to all, spelling problems in English are the most basic and obvious ones in translation. These problems can be avoided as long as translators are careful and responsible enough. Here are two examples of this kind:

E.g.1:三枪　THREEGUN Livin Concept

This translation can be found in Wudu Road, which has a lot of problems. First, it is an example of mixture of capitalized letter and small letters. And the word "Living" was misspelled as "Livin", which may confuse foreigners a lot. Then, it is difficult for foreigners to understand what the shop is. Thus, a suggested version can be "Three gun Underwear, Comfortable Living Concept".

E.g.2:兰州瑞豪土特产精品店　LANZHOU RUIHAO SOUVENIRS

COLLECTAB LES SHOP

In this translation, the expression "COLLECTAB LES" should be the wrong spelling of the word "collectable". Such expression as "COLLECTAB LES" would certainly confuse target receivers a lot, let alone attracting them to step into and buy things. Thus, the expected informative purpose cannot be realized. Thus, the correct version should be "Lanzhou Ruihao Collectable Souvenirs Shop".

5.1.2.5 Multiple English Names

Multiple English names can often be seen in many places, that is, different public signs translation refer to the same place. Some examples are listed below:

E. g. 1:武都路　WUDU LU

武都路　WUDU RD.

This is an example of the same street name, which has two different kinds of translation. These two signs are found around the center of Chengguan District, and one is several miles away from the other. This phenomena will confuse foreigners and bring them much trouble. The first version adopts pinyinalization. The second one is more standard. In this translation, "武都" is translated into "WUDU" and "路" is translated into "RD.", which is more authenticity and acceptable.

E. g. 2:放疗科二病区　Department of radiation Oncology Ward Ⅱ

乳腺科二病区　Ward Ⅱ Department of mammary oncology

These two signs are used to direct different departments in Gansu Provincial Cancer Hospital, in which "Ward Ⅱ" is the common part. But the location of "Ward Ⅱ" in these two translations is totally different. Generally speaking, the first expression is the correct one, which can be a better version by capitalizing each initial letter. Thus, the revised one should be "Department Of Radiation Oncology Ward Ⅱ". In the second translation, "Ward Ⅱ" should be placed at the end of the phrase, which can be revised as "Department Of Mammary Oncology Ward Ⅱ".

5.1.3 Cross-cultural Issues

As each language is rooted in and reflects a specific culture. Public signs translation can't live without the guidance of linguistics theory, the understanding of immigrating culture and the research of relationship between language and culture in accordance with strict standards in translation.

Besides, people from different countries may own different beliefs, behavior patterns, customs and conventions. Based on the relationship between culture and language, it is the fact that language is deeply affected and shaped by culture. Translation matters not only languages but the interaction of cultures. Thus, one goal of translation is to establish cultural equivalence between source and target texts.

Lacking of awareness of cultural differences, misunderstanding and incomprehension of target text may occur during the communication and the intended aims or purposes may be failed to achieve. What's worse, they would not promote cross-cultural communication well, but lead to cultural conflicts and hinder intended communicative purposes.

In this part, combined with Rogers's three communicative principles and Hymes's communicative competence, a successful translation is aimed at achieving balance and coordination between grammaticality and appropriacy. From the perspective of cross-culture, translation in Lanzhou exists many problems, and then ten aspects of misunderstanding can be summarized. Detailed analysis is conducted as follows:

5.1.3.1　Good Grammar but Improper Use

Obviously, some public signs translation are grammatical acceptance, and even some has no ambiguity and anomaly in context of independent conditions. However, in terms of language appropriateness, there exists serious problems in a specific condition. Two examples are listed about this kind:

E. g. 1:小心台阶　Careful Steps/ Be Careful Steps

This sign is appeared beside the steps in front of the Telecom Service Office and inside Gansu Provincial Museum respectively, which is used to warn people to pay attention to the steps while walking. But Chinglish is adopted here, which is the word-for-word translation. On the basis of the differences between Chinese and English, the correct version is "Mind the Step".

E. g. 2:请继续参观　More This Way

There is a notice for visitors in Gansu Provincial Museum. This sign is translated regardless of the context. It is clear that the purpose of this sign in such context is aimed at telling visitors to continue with the tour. The Chinese version can tell the native visitors the right way exactly, however, the English version cannot play the directive function and is easily to confuse the visitors. If foreign visitors see this sign, maybe they will think there is still a way to go on. But they are not sure about whether the exhibition is finished or not. Thus, when putting the context into consideration, the public sign is simply translated as "Continue with Tour", which will show clear direction to the visitors.

5.1.3.2　Cultural Misunderstanding

As a brief analysis concerning cultural difference has been conducted in 5.1.1.1, further interpretation is carried out in this part. Some public signs fail to deliver correct information because of translators' deficiencies of cultural differences. General speaking, these are original reasons that lead to misunderstanding. Instances are as follows:

E. g. 1:保持安静　Keep Silence

This is a notice appeared in Lanzhou University Second Hospital, which warns people to speak quietly. But in this translation, the word "Silence" is used, which means complete absence of sound or noise. To some degree, foreigners would be puzzled after reading it. Thus, the word "Silence" should be changed into "Silent", which means not making too much noise in class or some public occasions without disturbing others. So a better version of it is "Keep Silent", which is appropriate in the target culture.

E. g. 2:厕所　WC

This sign can be found in many places in Lanzhou. As a matter of fact, "WC" is the abbreviation of water closet which was used at least 200 years ago in America and England. In other words, it is not an elegant word which corresponds to the Chinese word "茅厕". To be honest, it will affect the image of a city to some degree. Therefore, the better translation should be "Toilet" or "Washroom".

E. g. 3:小心地滑　Carefully Slide

This expression is found in Changhong Residential Area. In this translation, the translator only pays attention to the structure, ignoring the content and function, which would confuse foreigners in that the content of English doesn't equal to Chinese. It adopts Chinglish. It's obvious for passers-by to get the Chinese meaning, however, it means to slide carefully in English, which goes against with the original meaning. To be specific, the communication between "service and needs" cannot be successfully accomplished in public signs. Thus, the correct translation should be "Caution, Wet Floor" or "Caution, Slippery". A similar sign "小心碰头" is translated as "Be Careful Your Head", which commonly appears in public places to show care for the visitors. But the translation is Chinglish as well. Thus, there is a more acceptable version, which is "Mind Your Head".

E. g. 4:办公区域,游客止步　Visitors Stop

This sign appears at Five-Spring Mountain Park. The translation of "游客止步" is "Visitors Stop", which can easily cause misunderstanding among foreigners. Specially, in the light of social textuality theory, meaning constructor cannot well coordinate tripartite relationship among sign text, sign function and sign location, which directly gives rise to confusion. As a Chinese, it is very easy to understand. This is a common problem in the translation of signs to mechanically translate the Chinese with their corresponding English words. The English translation seems to be perfect, no errors in spelling, grammatical and lexical elements can be found. But it cannot be called qualified due to its awkward expression, which dramatically go against the conciseness of signs. Moreover, this English version gives the impression of impolite and tough tone to foreigners, which violates the original intention of public signs. Thus, a suggested translation is "Staff Only" or " Authorized Personnel Only".

5.1.3.3 Promoting Tendency

With reference to social interpretation of bilingual public signs, many of them own the property of soft or surreptitious advertisement and imply promoting tendency.

E. g. 1：爱让你更美丽　Love Creates Beautiful living.

E. g. 2：FEET ON THE BATTLEFIELD, GRASP THE FATE, POSSESS IT, WHO COULD BE ANOTHER ONE?

These two sign are found in a Cosmetics Shop of Gialen and a Sports Shop in Anning District, both of which imply promoting tendency. As a matter of fact, they are not proper to be displayed as advocate language. Except for overuse of capitals, there are other problems in these translations. The word "living" means the way in which someone lives their life, which is not appropriate to be modified by "Beautiful". Then "it" was ambiguous due to sentence structure in the second sign. Thus, it's unnecessary to be translated into English version.

5.1.3.4 Mixed Information

From the angle of informatization, the content of public signs should observe the standard of exclusiveness and avoid mixed information. How to assure the exclusiveness is a fundamental problem in dealing with bilingual public signs translation.

For instance, the above sign "女洗手间" can be found inside GOME Circuit City around Nanguan is translated as "Men Toilet Exit", which goes against the exclusiveness of public signs. As almost every person know the word "Men", here "女" is ridiculously translated as "Men". Meanwhile, the English version contains mixed information, while Chinese version has just one information. Thus, "Exit" was redundancy in English version. As a matter of fact, there is no washroom for women here. It will confuse foreigners that there is no washroom here. In addition, as to this sign, according to the international standard, it should be "Women's Washroom".

5.1.3.5 Pragmatic Problems

On account of the cultural difference, distinct language expression and special nature of public signs, the phenomenon of pragmatic problems in translation are especially remarkable in Lanzhou. Many translation only grasps the literal meaning, but never expresses the true meaning, manners or even cultural background of target language. Here are some examples:

E. g. 1:小心台阶　STEP CAREFULLY / Take care of your head

This sign can be often seen within underground passages in the city, and such translations will let the foreign visitors confused a lot. The first expression is Chingish. Then in light of the next one, guests might doubt how they will take care of their heads on the condition that their heads are safe enough. And this mistake also appears in high frequency in shopping mall elevators. A suggested version of it is "Mind/Watch Your Steps".

E. g. 2:步行街　Walking Street

This English version is appeared in Zhangye Road, in which "步行街" is translated into "Walking Street". The English version seems to be appropriate according to the surface meaning, which may make foreigners think that is just a street for walking. But its pragmatic connotation isn't contained in English version. The translation "Pedestrian Mall" is better.

E. g. 3:严禁站人　Prohibit Stand

There is a notice for passengers on bus: "严禁站人", which is translated as "Prohibit Stand". Clearly, there is a grammatical mistake in this sign, which should be corrected "Prohibit Standing". Then, on the surface, it seems that the English version is equivalent with the Chinese sign. If a subject is added in front of "严禁站人", it means "乘客被禁止站在此地", that is, passengers are prohibited from standing here. But in English, it is an imperative sentence without a subject, which means let the readers prohibit somebody from standing here. Thus, pragmatic problem is caused here. A better version is "No Standing Here" or "Do Not Stand Here".

5.1.3.6　Low Language Proficiency

Some problems of public signs translation are often resulted from the deficiencies of translators' language competence. Several examples have given detailed analysis as follows：

E. g. 1：为了您的安全，请勿湖区戏水　For Your Safety Do Not Lake Swimming

This sign can be seen along the Yellow River，in which "湖区" is translate into "Lake" and "戏水" is translated into "Swimming". Obviously，it is the word-for-word translation，which is not accord with the English expressions. So this translation cannot express the accurate meaning and should be revised according to the grammar rules. Influenced by the mother tongue，translators do the translation unconsciously following Chinese thinking pattern. Meanwhile，conciseness is the most striking feature of public signs. Hence，a suggested version is "Safety, No Splashing".

E. g. 2：请勿踩踏　Don't Step on

This sign appears in Gansu Provincial Museum，which is undoubtedly typical literal translation. Obviously，"Don't" corresponds to "请勿" and "Step On" to "踩踏" in this translation. From the view of English grammar，there should be an object after the verb phrase "Step On" and the tone in English is not harmonious，for the word "Please" is very polite while "Don't" is very stiff and rude in tone，which makes the translation tone somewhat contradictory. As this sign is used to warn visitors not to step on the glass，thus，a better translation is "Please Keep Off the Glass".

5. 1. 3. 7　Misleading Information

From the perspectives of language and content expressions，misleading information problems often occurs. For instance，the above example of "女洗手间"，which appears inside GOME Circuit City around Nanguan，also belongs to the problem of misleading information in directional signs and there are redundant information in English version of this public sign. It will confuse foreigners and bring inconvenience to them.

5. 1. 3. 8　Psychological Unacceptable Problems

From the perspective of cross-culture，how to deal with the

psychological acceptance on the part of readers is especially important in process of bilingual public signs translation. A typical example is provided here for being discussed:

The sign "非饮用水" is translated as "NOT DRINNG WATER" and it can be seen on the train Z56, which shuttles back and forth between Beijing West Railway Station and Lanzhou Railway Station. It is apparent that the word "DRINKING" is misspelled as "DRINNG". Except for spelling mistake, the English version of this sign is ridiculous and confusing. The Chinese version is to remind passengers that the water is not drinkable, while English version means please don't drink the water. This kind of mistake results from translator's ignorance of specific English syntactic structure. Then translate translates it according to the logic of Chinese, which directly goes against the original intention. So a better version is "Unsafe To Drink" or "Non-Potable Water".

5.1.4 Informative Issues

The notion of linguistic landscape was put forward by Landry and Bourhis (1997), which owns two basic functions of linguistic landscape: informational function and symbolic function. Over the last decade, generalized socio-cognition and community of practice gained popularity in different research fields influenced by social changes, information revolution, disciplinary development, interdisciplinary innovation and multi-perspectives. Moreover, on the basis of social textuality theory and the concept of social interpretation of public signs, problems of bilingual public signs were analyzed through a user's perspective. Thus, in the investigation of public signs in the street, a stranger's perspective is adopted. And through the application of a natural way of learning, as well as combined with two aspects of translation problems includes "Interior directory" and "Exterior directory", the relationship between inherent textual structure and external meaning expression is elaborated from the perspective of informativeness. In other words, linguistic landscape can have socially beneficial effects, which can be at one dimension for both in- and out-groups.

In view of social textuality, information targets can be realized by interactive cooperation between information encoder and decoder, which includes whether to set the useful signs, realize the functional characteristics, express accurate message, clear textual content and achieve interpretation goals. Besides, informative signs convey messages to readers, so the information contained in these signs should be translated clearly. On account of their practical functions to provide readers with suggestions or necessary information, it is essential to display them in a more concise form. Put it another way, in process of translating informative signs, one should focus on information and observe the code of target language. Then it is easy to be understood by target readers.

5.1.4.1 Incomplete Information

Lacking of corresponding translation of basic direction is the main cause of incomplete information. Several examples of this kind are listed :

E. g. 1:甘肃省人民医院索引图

There is no corresponding translation of floor index in the First Hospital of Lanzhou University, which brings inconvenient to foreigners to get the main direction information. From the perspective of translation on public signs, this is a typical example of incomplete information for lacking of corresponding translation.

E. g. 2:兰州大学第二医院楼层功能分布平面示意图

Another case in point is the Map of Floor in Lanzhou University Second Hospital. There is no English version of basic direction information, which is also a typical example of incomplete information. The function of Map of Floor is to provide a comprehensive direction information of each floor. In the Map of Floor of this hospital, different color was adopted to indicate specific orientation and function distributions, such as location of elevator, escalator as well as exit passageway, which is aimed to provide a bird's-eye view in case of an emergency for foreigners. However, if only has the Chinese version, it will bring inconvenient to them under such a populated circumstance with densely covered passageways. In case of fire，they would not know how to deal with it in this unfamiliar environment.

E. g. 3:热红茶　Tea　热奶茶　Milk　水泡方便面　Noodles

This translation appears in White Pagoda Park，in which these words cannot express the complete meanings of the public signs. And they would confuse foreigners a lot. Thus，the correct translation should be "Hot Black Tea"，"Hot Milk Tea" and "Instant Noodles".

5. 1. 4. 2　Asymmetrical Information

As public signs have important social functions，it is of great necessity to make sure the consistency of the English versions. Here are some problems of this phenomenon：

E. g. 1:卫生间（女）　Male toilet

This sign is found in the First Hospital of Lanzhou University，in which English version is in consistene with Chinese version. The Chinese version is used to indicate washrooms for women，while in English translation it is translated into "Male" instead of "Female". Thus，this is a typical example of inconsistency of information. The correct version should be "Washroom（Female）".

E. g. 2:地下通道入口　Underground Pass

This is a notice set up around Xiguan Area，which is used to give directions to visitors. The English version is not consistent with Chinese，in which "入口" is not translated. It will bring inconvenience to foreigners becanse they know it is the underground pass，but they have no idea about whether it is the entrance or the exit. Hence，a better translation of it is "Underpass Entrance"，which is more clear.

The same mistake is appeared in the First Hospital Of Lanzhou University，which "住院接诊室、导诊室" is translated into "Shenjing xingli celiangshi". Except for the pinyinalization，they have totally different direction information，which will confuse foreigners and bring inconvenient to them.

5. 1. 4. 3　Directional Symbols

Public signs can reflect certain symbolic functions by using some commonly used symbols except providing information, which exerts positive efforts on information transmission. In public sign texts, it is a key to enhance informativeness of directory signs by ensuring unification of directive function and symbolic function. Only by combining informativeness and symbolic function, can a public sign delivers accurate meaning. Here are some examples:

E. g. 1:女洗手间 Men Toilet Exit

The above sign is found inside GOME Circuit City around Nanguan, in which the directional symbols is ambiguous. As almost every person know the word "Men", here it is ridiculously translated "女" as "Men". Meanwhile, the English version contains mixed information, while Chinese version has just one information. Thus, "Exit" was redundancy in English version. As a matter of fact, there is no washroom for men here. It will confuse foreigners that there is no washroom here. In addition, as to this sign, according to the international standard, it should be "Women's Washroom".

5. 1. 4. 4 Updating Information

Great change has taken place in Lanzhou in the past few years. And a passive situation has been produced in that the updating of public signs cannot catch up with the development of the city. Then, the problems of invalid information are caused. Thus, in order to ensure the quality and validity of public signs, it is necessary to update and maintain outdated public signs. Besides, there are many signs written in pinyinalization, which also fail to convey the true direction and information.

Here is a typical example of The First Hospital of Lanzhou University. Owing to reconstruction of hospital, the location of many departments has been changed. However, there is a sign noted "INSPECTOR, GO FORWARD FROM HERE". As a matter of fact, the direction is totally opposite to the original one. This phenomenon will confuse foreigners and leave bad impression on them.

In Greentree Inn, there is a notice for the foreigners, which noted as "QING WU SUI DI TU TAN". For foreigners who do not know pinyin can hardly catch the information. Thus, it fails to convey what it wants to express. A suggested version is "No Spitting", which is more authentic and acceptable.

5.1.4.5　Public Beneficiary

Lanzhou, one of the most important central cities in the western region of China, is an important node city in the Silk Road Economic Belt. A large number of international friends coming from various regions have been attracted on the basis of the rapid development of economy, industry, and rich tourism resources. Under such circumstance, contents and categories have also been enriched, which reflect on the increasing number of public signs with public beneficiary. However, there are also some problems in the translation on bilingual public signs, some examples are listed:

E. g. 1:依依绿草,踏之何忍　Grass Yiyi On the one

E. g. 2:保护一片绿色,珍惜人类净土　Protection of Green Cherish human Pure Land

E. g. 3:珍惜每一朵花朵,保护每一片绿色　Cherish every flower Care for each piece of grass

These three signs are found in the lawn, which is located in front of Lanzhou New Area integrated service center. A lot of problems can be found in the English version, such as pinyinalization, semantic linequality, mixed part of speech as well as going against the English expression way. These signs are also the typical literal translation. The purpose of these three signs are aimed at keeping the public away from the grass. Thus it is advisable to be translated as "Keep Off the Grass".

5.1.5　Safety Issues

On account of two basic functions of linguistic landscape, informational function and symbolic function, standardization and internationalization have been overemphasized a lot in order to have correct interpretation of public signs by fulfilling the requirements of complete consistency in format, words, icon, character style and color.

Safety signs, caution signs, warning signs and danger signs are the most important four categories among public signs. And there is a common trait among them，which is to protect life，property and equipment efficiently from various accidents. Besides，from the specific content of these four categories，there are both similarities and differences. Regarding dangerous degree as a criterion for the classification of public signs，danger signs rank the first followed by warning signs，caution signs and safety signs accordingly. After the investigation in Lanzhou，there exist many problems and deficiencies in this part. Therefore，deep analysis is carried out.

5.1.5.1　Careless Mistakes

There are some careless mistakes in safety signs. Instances are as follows：

E.g.1：小心夹手请勿扶靠车框　To avoid in jury，please Keep clear of the door

There is a notice for passengers on the train，which shuttles back and forth between Lanzhou and Tianshui. There is more than one problem in this translation in that each initial letter should be capitalized in a public sign. Then the word "injury" is misprinted as "in jury"，which seems to be two words. Meanwhile，public signs are usually written in limited space，it must be as concise as possible. Hence，a better one should be "Watch Your Hands".

E.g.2：如遇火警，请勿使用电梯　IN CASE OFFIRE DO NOT USE ELEVATOR

This sign is found in Gansu Provincial Museum，in which there is a word noted as "offire". This phenomenon is caused by losing blank character between the words "of" and "fire"，which will leave bad impression on foreign visitors. Besides，there is no punctuation in this adverbial clause of condition. The next problem is the alphabetic problem，Hence，a suggested version is "In Case of Fire，Do Not Use Elevators".

5.1.5.2　Context Problems

Context problems are another big problems in public signs

translation. The exact meaning of public signs is decided by specific context. Thus, an important principle that should be observed when the translation is "no context, no meaning". Here is an example of context problems. The sign "请勿倚靠", which serves as a notice for customers in Meters Bonwe Shopping Mall, it is translated into " Leaning on the Door prohibited". It is set up along the rail, and there is no door here. Thus, due to context problem, the word "Door" in the translation will confuse the foreigners. Hence, the correct version is "Do Not Lean on Rail".

5.1.5.3　Overdone Problems

Overdone problems can still result in inappropriate expression of public signs translation. For instance, the sign "请勿大声喧哗", appearing in The First Hospital of Lanzhou University, means speaking quietly. Ridiculously, it is translated as "Prohidit Confused Noise Big". The sign didn't express the real meaning of the Chinese version for the mistake of word-for-word translation and it's not in accordance with English grammar rules, either. In fact, the word "noise" implies the meaning of the word "big", which is redundant. Thus, combined with the most important feature of public signs, conciseness, a suggested version is "Keep Quiet".

5.1.5.4　Misspelling Problems

Misspelling problems also appear in safety signs translation due to translators' carelessness and irresponsibility. Some examples have been listed:

E. g. 1:注意安全　Attention Saffty

This translation can be seen in front of a shopping mall in the pedestrian street. "Safety" is misspelled as "Saffty", the meaning of which is absolutely different from the original text. To a large extent, misunderstanding would be caused.

E. g. 2:禁止拍照　Photography Prohibitrd

This prompting sign appears in Northwest Bookstore around Nanguan, which is used to draw people's attention, to remind and to require people. Obviously, "Prohibited" was misspelled as "Prohibitrd".

Except for the spelling mistake, there is other problem as well. It is an unidiomatic expression, which is far different from the target expression. This type of mistake is made severely under the influence of the mother tongue of translators. Generally speaking, this phenomenon appears without considering the expressions in native English. Thus, combined with the features of public signs, a better version is "No Photos".

5.1.5.5 Inconsistency Problems

Inconsistency problems occurred in safety signs translation have been analyzed in detail as well. The followings are examples in terms of this problem:

E. g. 1:小心台阶　Be Careful Steps

小心台阶　Mind your step, please

These two signs can be found in the same exhibition hall in Gansu Provincial Museum, which are in different English translations. The first one is Chingish, which is a word-for-word translation. To some degree, it will confuse visitors a lot. The second one is the correct version. Thus, at the same place, public signs should be consistent.

E. g. 2:严禁扔烟头　NO CIGARETTE ENDS

请勿扔烟头　Do Not Throw Cigarette Butts into Container

There are two notices for passengers on the train Z56, which shuttles back and forth between Beijing West Railway Station and Lanzhou Railway Station. In these two signs, the word "烟头" is translated into two versions, which is "cigarette ends" and "cigarette butts". This phenomenon will puzzle foreigners for different versions in English expresing the same meaning in Chinese. Thus, it's better to unify the translated versions.

5.1.5.6 Temporary Signs in Chinese Only

Owing to the importance of safety signs, caution signs, warning signs and danger signs, temporary signs should be also translated into English. Some cases are listed:

E. g. 1:此处不通,请您绕道

This sign is found in Gansu University Second Hospital. As a temporary sign, it is only in Chinese version, which would cause trouble for foreigners in that they cannot read the characters and grasp the meaning. In this situation, foreigners may go the wrong way. And making it even worse, there will be accidents. Thus, it should be translated as "Dead End. Detour".

E. g. 2:正在维修

This sign is set up separately on Zhangye Road and Xiao Xihu Area, which is only in Chinese version. This sign has the prompting function, which is used to draw people's attention, to remind or to require people. Thus, although it is a temporary sign, it is essential to be translated into English version. And a suggested version of it is " Construction In Progress" or " Repair In Progress".

E. g. 3:此处施工请勿靠近；当心吊物；注意安全

These three signs are photographed in campus of Lanzhou University of Technology, which are set up in front of Teaching Building 1. As warning signs, they are all in Chinese versions. These signs are aimed at reminding people to be aware of the potential dangers, thus, any losses of life or property can be avoided. Meanwhile, there are many overseas students in Lanzhou University of Technology. Hence, it's of great importance to translate these signs into English. A better translation is provided for each one, which is "Construction In Progress. Keep Out", "Watch For Falling Material" and "Danger!".

5. 1. 5. 7 Elaboration Possible

In order to achieve the standardization of bilingual public signs translation, one should be more rigorous and meticulous. Here is an example, the sign "当心烫伤" can be seen on the train Z55, which shuttles back and forth between Lanzhou and Taiyuan. But it has been translated into "Caution. Scald Burns". In the translation of this sign, the noun "scald" is used here to modify the other noun "burn", then a noun phrase "scald burn" is constituted, which will confuse foreigners. They may think that what a scald burn is and how tap water scald burns can be prevented. This kind of translation is caused by word-for-word translation, which is not appropriate in such context. Thus, a better translation should be "Caution, Scalding Water" or "Caution, Very Hot Water".

5.1.6　Important Signs Only in Chinese

During the investigation, it's common to see that many important signs are only in Chinese, which will bring inconvenience to foreigners. Here are some examples:

There is a notice sign "当心落水", which is found along the bank of Yellow River. But it is only in Chinese version, which cannot have the same function for foreigners as to Chinese. Thus, it is necessary to be translated into English. A better version is provided, which is "Deep Water".

And still there are many important public signs only in Chinese, which will bring inconvenient to foreigners, such as "小心斜坡滑倒" in Gansu Meseum and "库房重地,闲人免进" in Meterbonwe Shopping Mall and so on. A suggested translation can be "Down Grade, Watch For Slippery", "No Admittance, Employees Only". In Lanzhou University Second Hospital (Correct version: The Second Hospital of Lanzhou University), the signs "禁止堵塞" and "扶梯须知" should be translated into "No Obstructing" and "How To Ride An Escalator Safely". The signs "温馨提示:小心高温" and "乘客须知" seen in Vanguard supermarket is suggested to translate into "Reminder, Hot" and "Notice To Passengers". In Lanzhou General Hospital, the sign "当心触电" is only in Chinese, thus it can be translated into "Risk of Electric Shock".

The sign "请节约用水" is lack of English translation, which is supposed to translate as "Conserve Water". The sign "小心烫伤" found in Gansu Provincial Hospital of TCM should be translated as "Scalding Water".

Therefore, for the convenience of foreigners, it is advisable to translate them into English version.

5.2　Analysis of the Problems and Suggestions

From what has been discussed above, it is easy to reach the

conclusion that public signs are an indispensable part of social activities. Appropriate public signs translation not only requires certain standards but also correct interpretation. It is seen that the current situation of the translation on public signs in Lanzhou still has many problems. Although translation problems have been analyzed from six main perspectives, all these problems must be deal with in time so as to show full service and good image of Lanzhou. In consequence, the reasons for various translation problems and mistakes are explored and corresponding suggestions are put forward as follows:

5.2.1　Translators' Carelessness

Firstly, translators serve as the major participants in the translation activities, which play an crucial role. According to the problems analyzed above, some problems are clearly caused by translators' carelessness. Spelling mistakes are especially striking. These visible mistakes can be totally avoided through translators' efforts.

Then, lacking of basic language competence for translators can be shown from the English versions, such as grammar mistakes, word-for-word translation, etc. In order to translate public signs better and make sense, translators must handle source language and target language in a flexible way.

Furthermore, some translations are mainly resulted in by deficiencies of translators of sufficient knowledge about public signs. As signs are an independent discourse pattern used in diverse public places, they also have some vital features for translators to grasp, such as simpleness, clearness and conciseness. To sum up, a qualified translator must be equipped with a sense of responsibility as well as professional knowledge both in translation and field of signs.

5.2.2　Unconsciousness of Cultural Differences

Some problems are caused by translators' lack of cultural differences consciousness. There is no doubt that various historical, cultural and social differences exist between source language and target language. Thus, it is difficult to find the corresponding expression of English versions of Chinese public signs. Cultural differences result in different interpretations on the same impressions and matters. To be specific, cultural differences may easily give rise to misunderstanding. In general, cultural differences are the major elements that need much more attention.

Therefore, it's useful to strengthen the supervision over translators. Employing professional translators is of great significance. Besides, the professional abilities, a strong sense of responsibility and cross-cultural consciousness are required for a translator, with which they could improve their abilities constantly.

5.2.3 Nonuniform Translation Standard

The translation problems are partly caused by a lack of standardized norms and regulations established by the government. As is well known, any task can be nothing without aim and guidance. Thus, a series of unifies rules and regulations should be set up by the government. Only under such circumstance can the translators do translation on the way to the standardization. From another perspective, some government departments have the corresponding responsibilities to recheck English versions of public signs. Hence, only much importance has been attached to the translations by relevant departments, the quality of public signs translation can be improved.

Hence, it's necessary to establish a specialized management department to revise the public signs translation regularly. And regulations and norms standardizing public signs translation should also be issued, which can be used by translators to observe.

All in all, after analyzing the possible causes, it is obvious that what a translator should do to ensure a successful public signs translation. As social text, the primary function of bilingual public signs is to achieve the communication. Thus a qualified translator should have sufficient knowledge both in language competence and multicultural communication competence. And great efforts should be made to improve the current situation by relevant government departments. Moreover, as public signs are served for the public, the social groups or individuals are encouraged to supervise and put forward their opinions and suggestions on the public signs translation.

Chapter Six   Conclusion

To recap, firstly, this thesis offers an empirical study on bilingual public signs in Lanzhou based on scientific and reasonable methods of sampling, which uses the previous research conducted in Beijing region for reference. Secondly, the research analyzes the bilingual public signs in the three administrative districts and one new districts in Lanzhou under the guidance of social textuality theory, in which sociolinguistics is introduced and the interactivity between the translators and readers is emphasized. Most importantly, causes and solutions are put forward at the end of the thesis, which exerts positive efforts on the standardization of the translation on public signs in Lanzhou. In this chapter, a simple summary of major findings, limitations as well as future directions are to be wrapped up.

6.1   Summary

To sum up, on the basis of the researchers' previous investigation method "grid plan" and investigation plan "thousand-hundred-ten", this thesis mainly discusses the bilingual public signs in Lanzhou's three administrative districts (Chengguan District, Qilihe District and Anning District) and Lanzhou New Area. After conducting an exploratory study of public signs translation, the current situation of bilingual public signs translation has been presented from six perspectives: textual issues, romanization issues, cross-cultural issues, informative issues, safety issues and important signs only in Chinese. Any mistakes in public signs translation may lead to the failure of achieving the intended aims, communication breakdown, misunderstandings, etc.

Combined with the analysis of the causes of existing problems, some conclusions can be reached in detail as follows:

First of all, the most basic and obvious problems appeared in the English expression of most public signs translation are spelling mistakes, misuse of capitalization, improper use of words, redundancy and grammatical mistakes. Generally speaking, this kind of mistakes has nothing to do with translators' competence but carelessness and weak responsibility, which have a negative impact or even bring confusion to foreigners.

Secondly, in view of social textuality theory, most of the translation cannot fully convey the exact meaning of source language to the target readers. Instead, target language readers cannot accept or even understand the source language information on some occasions. As in the bilingual environment, social textuality of public signs is reflected not only on how to get the balance from four factors including culture, expression, function and complexity, but also on fully achieving effective indication. In certain concrete social context, the interpretation of a public sign is achieved by social textuality interaction and pragmatic intentionality interaction. Hence, obstacles may occur during the transmission of information.

Thirdly, in light of related cross-cultural theories, misunderstandings and pragmatic failures in public signs translation are common owing to the distinct cultural and educational backgrounds, thinking patterns, etc. Meanwhile, communication cannot be successfully accomplished. As is well known, public signs are a tool that help accomplish the communication between Chinese and foreigners. It is known that there are cultural differences between Chinese and foreigners, which mainly reflect on value, thinking pattern, history, etc. Hence, from what has been analyzed above, the translators cannot attach great importance to cultural differences and lack of cross-cultural awareness in the process of translating, which directly lead to communication failure.

Finally, public signs undeniably are mixture of words or pictures. In fact, public signs translation cannot be well interpretated by the arrangement of form and content, which cannot reflect the target relationship between text designer and text interpreter successfully. To be specific, the functional target of text expression and interpretation cannot be realized in some of the public signs in Lanzhou.

6.2 Limitations

The current study inevitably suffers from several limitations despite the author's dedication and meticulousness.

Firstly, it is the limitation of collecting materials. The city of Lanzhou has three counties and five districts and it is hard to collect all the public signs in a very limited time. The examples in this thesis are collected in three administrative districts and Lanzhou New Area. These examples are just a part of all the public signs, so they may not be representative enough to demonstrate the current situation of the translation on public signs in Lanzhou. The data is relatively small and thus the results may not be that representative.

Secondly, with reference to the whole investigation process, based on the concept of the investigation plan "thousand-hundred-ten", there are difficulties in identifying the specific fifty representative units in Lanzhou, thus five hundred typical non-standard public signs are directly selected from the collected data in Lanzhou's three administrative districts and Lanzhou New Area.

Thirdly, public signs cover different fields. Due to very limited energy, this thesis touches a general basis and may not take all fields into consideration. Thus, limited by time and energy, as well as thesis structure, the present study is far from satisfaction.

Last but not the least, little literature abroad is found. Since social textuality theory is adopted as the guiding theory in this thesis, theories for further researches are required in the future. Besides, other theories can also be employed while studying the public signs translation. Therefore, future researches can progress in this direction.

6.3 Future Directions

With regard to the above-mentioned limitations, some endeavors could be made to address some of the limitations. To be specific, a deeper and more comprehensive study is still needed in the future.

Firstly, future studies may need a large number of examples with an abundant quality. Put it another way, a comprehensive research from different perspectives can be conducted in this field. What's more, the research method of the combination of qualitative and quantitative analysis can be also adopted. Due to the limitation of validity and accuracy of the research results, an overall and more comprehensive study is urgent.

Secondly, owing to the complexity of the research, more time and energy should be devoted and more fields should be surveyed in the future study so as to get a whole picture of public signs translation.

Thirdly, in the process of investigation, based on the investigation plan "thousand-hundred-ten", specific fifty representative units in Lanzhou can be identified and then five hundred typical non-standard public signs can be chosen from each units, which can make the data more authentic and representative.

Finally, in light of limitations of the present study, it is suggested that other theories can also adopt to make the research more persuasive. Moreover, more relevant literature aboard can be brought into the study to provide a more comprehensive perspective.

第四章　中外文化交流

第一节　对外汉语教学中语言教学
与文化教学综述

一、引　言

对外汉语教学成为一门正式学科的历史还不到两百年[①]，但是学者们对于对外汉语教学中的语言与文化关系的讨论却没有停止过。同样，在对外汉语教学中语言教学和文化教学一直也是饱受争议的对象。语言教学的研究早在 20 世纪 90 年代之前就已经成为对外汉语学界的探讨话题，语言教学与对外汉语教学紧密相关，很少有人去质疑它的地位（限于年代久远，本文所涉及的研究以 20 世纪 90 年代之后的文献为主）。但在 20 世纪 90 年代之后，随着文化的渗入，语言教学与文化教学被推上风口浪尖并被迫进行对比，对二者在对外汉语教学中的地位的争论也未曾间断过。到 21 世纪，对语言教学与文化教学关系的研究基本上形成了定论——将文化作为教学因素导入对外汉语课堂教学。因此，这时期的研究主要以"如何有效地将文化导入对外汉语课堂教学"为主。

20 世纪 90 年代开始，在对外汉语教学语言与文化关系的研究中主要盛行着两种观点：一种认为传统的对外汉语教学模式以纯语言教学为主，忽视了文化教学在对外汉语教学中的影响，并且提出语言只是文化的一部

[①]　朱志平：《作为应用语言学分支的对外汉语教学》，《北京师范大学学报》（人文社会科学版）2000 年第 6 期。

分,语言的教学不能离开文化的教学。对外汉语教学不仅是一种语言教学,也是一种文化教学。因此,主张在对外汉语教学中,提升文化教学的地位,打破传统的对外汉语教学模式——"纯语言教学",以此来建立一种新的对外汉语教学模式——"语言文化教学"或者称"文化语言教学"。另一种则认为对外汉语教学本来就是语言的教学,文化只是对外汉语课堂教学中的辅助因素。主张减少对外汉语教学中的文化因素,确保语言教学的首要地位。

在 21 世纪,对外汉语教学事业以及汉语国际传播事业一直在蓬勃地发展,但语言教学与文化教学依然是对外汉语教学以及汉语国际教育研究领域的热议话题。在这期间,由于孔子学院的开办,使得文化教学的呼声日益高涨。这时期的研究主要以"如何有效地将文化导入对外汉语课堂教学"为主。总体上看,21 世纪在有关语言教学与文化教学的研究重心已经开始偏移,具体表现为从语言教学与文化教学的争议探讨到对外汉语课堂教学中文化导入的研究。

二、相关研究综述

(一)初探阶段

在众多的研究之中,金路(1993)可以作为语言教学地位发生变化的正式开端。文章明确提出了语言教学以语音、词汇、语法、汉字等的教学为主,语言教学是一种纯语言的教学,是传统的对外汉语教学模式。[①] 并且认为这种传统的对外汉语教学模式存在重语言轻文化的现象,即注重语言本身而轻视语言的行为。于是,金路开始提倡将语言与文化结合起来研究,甚至提出将文化教学与语言教学相结合的思想。

笔者之所以将金路(1993)作为语言教学地位发生变化的开始,是因为在 20 世纪 90 年代,金路首次明确质疑了传统的对外汉语教学模式——语言教学,提出要将语言教学与文化教学结合的思想,主张建立语言与文化一体的教学模式。而更多的有关文化教学兴起的研究,也差不多是从这一时期开始盛行的。

---

① 金路:《把文化因素引进语言教学——提倡语言与文化相结合的教学思想》,《复旦教育》1991 年第 1 期。

　　张德鑫(1989)谈到了对外汉语教学的本质问题。他认为,对外汉语教学的本质是"以汉语为中心跨越文化的语言对比教学",并且提出语言与文化一体化教学是对外汉语教学的最佳模式的理念。①

　　王钟华(1991)认为,对外汉语教学具有多学科综合性的特点,因此应该是一个语言与文化相结合的教学体系。他甚至提出对外汉语教学中不该区分语言与文化孰轻孰重,因为语言与文化是一体的。②

　　邓时忠(1992)强调,对外汉语教学不是孤立的语言教学,文化导入是决定语言教学成功的关键。因此他认为应该把文化教学作为对外汉语教学的重要部分。③

　　王魁京(1993)认为,任何一种第二语言教学都是语言和文化的一体化教学,并且认为语言现象本身就是一种文化现象。④

　　研究者们分别从文化与语言的关系、文化因素对语言教学的影响两个方面论述了提升文化教学地位的观点。张德鑫(1989)、王钟华(1991)、金路(1993)等侧重于从语言与文化的关系入手,强调语言是文化的一部分,主张在对外汉语教学中要将二者视为一个整体,建立语言文化一体化教学的模式。而邓时忠(1992)、王魁京(1993)等以文化因素对语言教学的影响,比如,以文化对语音、文字、词汇等语言教学的影响以及文化导入语言教学的优势,论证了提升文化教学地位的必要性。

　　除了主张提升文化教学在对外汉语教学中的地位,建立语言文化教学模式外,还有"文化语言学"⑤的说法。邵敬敏(1991)列举了三大文化语言学派,包括双向交叉文化语言学、社会交际文化语言学以及全面认同文化语言学。⑥ 三大流派不同程度地肯定了文化教学与语言教学的密切关系,以及文化教学对对外汉语教学的积极作用。游汝杰(1987)认为,文化语言学是文化学与语言学的交叉学科,不仅体现于在文化背景下研究语言,还

　　① 张德鑫:《对对外汉语教学本质之认识》,《中国对外汉语教学学会第三次学术讨论会论文选》1989年。
　　② 王钟华:《建立语言与文化相结合的教学体系——关于对外汉语教学中语言与文化关系问题的思考》,《世界汉语教学》1991年第1期。
　　③ 邓时忠:《论对外汉语教学中文化因素的导入》,《西南民族学院学报》(哲学社会科学版)1992年第6期。
　　④ 王魁京:《语言与文化的关系与第二语言的教学》,《北京师范大学学报》1993年第6期。
　　⑤ 邵敬敏:《关于中国文化语言学的反思》,《语言文字应用》1992年第2期。
　　⑥ 邵敬敏:《说中国文化语言学的三大流派》,《汉语学习》1991年第2期。

体现于利用文化研究语言。① 陈建民(1999)认为,语言具有人文性,文化语言学研究的是人们的言语活动,但要借助文化进行解释。② 申小龙(1987)则认为,中国语言学研究陷入困境的原因在于太局限于自己的研究领域(语音、词汇、语法等),没有与其他学科结合起来。他认为在语言研究中,文化渗透是必然。③

这一时期,对外汉语教学学界盛行着"提升文化教学在对外汉语教学中的地位""打破传统对外汉语教学模式""建立语言文化教学理念"的观点。幸运的是,在文化教学日益膨胀,而语言教学地位岌岌可危的这样一种形势下,也有维护语言教学的声音。

周思源(1992)认为,文化观念要建立,但是建立的目的在于服务语言教学,提高教学质量。文章还提出,如果总是抓住"要不要发掘语言教学背后的文化因素"这个问题不放,就会陷入对外汉语教学的困境,甚至使语言教学地位受到冲击。④

胡明扬(1993)在探讨对外汉语教学中的文化因素时,提出将文化因素注入语言教学的同时,不能喧宾夺主,要把语言课当作文化课来上。⑤

吴仁甫、徐子亮(1996)将对外汉语教学分为基础汉语教学、交际文化教学和知识文化教学。在谈到语言教学与文化教学关系的问题时,文章强调了基础汉语教学,即语言教学在对外汉语教学中的首要地位。认为文化只是语言教学的辅助背景,不是主体。⑥

徐甲申(1998)认为,对外汉语教学面临的问题在于没有看清它的学科性质。对外汉语教学与其他外语教学一样,是语言教学,并且是第二语言教学。因此,建议从其他外语教学中汲取经验,以提高对外汉语教学质量。⑦

研究中研究者们明确反对在对外汉语教学中过度提升文化教学的地位,坚决捍卫语言教学的首要地位。分别从文化因素过多导入语言教学的

---

① 游汝杰:《语言与文化学》,《语文导报》1987年第5期。
② 陈建民:《文化语言学的理论建设》,《语文建设》1999年第2期。
③ 申小龙:《历史性的反拨——中国文化语言学》,《学习与探索》1987年第3期。
④ 周思源:《论对外汉语教学的文化观念》,《语言教学与研究》1991年第3期。
⑤ 胡明扬:《对外汉语教学中的文化因素》,《语言教学与研究》1993年第4期。
⑥ 吴仁甫、徐子亮:《对外汉语教学中语言教学和文化教学的"位"与"量"》,《华东师范大学学报》(哲学社会科学版)1996年第4期。
⑦ 徐甲申:《对外汉语教学与其他语言教学的异同》,《语言文字应用》1998年第4期。

不利之处、语言教学的重要性,以及对外汉语教学学科的性质三方面进行
了论证。周思源(1992)、胡明扬(1995)等从过多的文化因素导入语言教学
的不利之处入手,论证了自己的观点。他们认为如果总是抓住"要不要发
掘语言教学背后的文化因素"这个问题不放,太过于注重将文化因素注入
语言教学,就会导致对外汉语教学的课堂变成文化历史课,甚至使对外汉
语教学陷入困境。而吴仁甫、徐子亮(1996)等强调了基础教育的必要性,
即语言教学在第二语言教学中的重要性;且认为对外汉语教学的本质还是
语言教学,因此在对外汉语教学中语言教学始终占据首要的地位。徐甲申
(1998)等又以对外汉语教学学科的性质为论据,再次证明了对外汉语教学
是一种语言教学。他们认为对外汉语教学学科是语言学的分支,区分了对
外汉语教学学科与汉语言文化传播学科的教学内容和性质,从而证明对外
汉语教学是不同于文化传播的一种语言教学学科,也证明了语言教学的首
要地位。

可以看出,20世纪90年代对外汉语研究领域有两种不同的声音:支持
文化教学和支持语言教学。两边的研究势力可谓不分伯仲,各有各的立
场。语言和文化本来就是"剪不断,理还乱"的关系①,那么读者就不难想象
语言教学与文化教学给研究者们造成的争议了。虽然这一时期对文化教
学和语言教学的研究一直没有停止,但对于二者孰轻孰重始终没有形成定
论。因此,这仍然是学界热议的话题。

(二)发展阶段

21世纪开始,"文化导入论"②、"语言文化论"③、"文化语言观"④等开始
大放异彩,文化被抬至对外汉语教学的关键位置。其间,有研究者强调重
申语言教学的首要地位,如邓时忠(2005)在对对外汉语教学问题的思考
中,强调了基础教育,即语言教学的重要性,认为文化教学与语言教学不
同,不应该把对外汉语教学定性为"对外汉语文化教学学科"⑤。何孟谦
(2006)认为,对外汉语教学中的文化是一种为促进语言教学的跨文化的文

---

① 刘薇:《浅谈语言与文化的关系》,《楚雄师范学院学报》2006年第4期。
② 陈光磊:《语言教学中的文化导入》,《语言教学与研究》1992年第3期。
③ 沈振辉:《语言文化模式与对外汉语教学》,《复旦教育》1993年第4期。
④ 金郁:《文化语言观与对外汉语教学》,《辽宁教育行政学院学报》2006年第9期。
⑤ 邓时忠:《对外汉语教学与文化的再思考》,出自《第四届全国语言文字应用学术研讨会论文集》,四川大学出版社2005年版。

化,对外汉语教学终归是语言教学,应该以语言为主,不能无限制地提高文化教学在对外汉语教学中的地位。[①] 随着对外汉语教学学科发展的日趋成熟,也有研究者从"学科性质"的角度试图重申对外汉语教学的本质是语言教学,如朱志平(2000)明确了对外汉语教学作为语言应用学科之一,是应用语言学的分支,也肯定了汉外文化对比在对外汉语教学中的重要性。但是文章也强调了语言教学中的文化问题一直以来是汉语言文化对外传播史的研究内容,而不是对外汉语教学所研究的内容。[②] 但是,这毕竟是少数。21世纪初期的语言教学与文化教学的研究主要以促进文化教学的研究为主。如张慧君(2003)基于语言与文化的密切关系,提出文化是语言教学的重要部分,甚至认为汉语学习者完全掌握汉语的关键在于文化教学而不是语言教学。[③] 胡清国(2004)从减少文化冲击、帮助学生学习规范汉语,以及提高言语交际能力等三个方面谈到了文化教学在对外汉语教学中的重要意义,强调了文化教学的重要性。[④] 焦冬梅(2009)提出,虽然语言是文化的载体,但是不懂得语言中的文化,就不能算真正学习了这种语言。因此其主张对外汉语教学中应该把文化知识蕴含于语言学习之中。[⑤] 张继伟(2011)认为,在语言与文化的关系中,文化起着主导作用。在汉语国际教学中,文化在语言、汉字、词汇等方方面面影响着语言的教学。[⑥] 谭庆林(2012)提出,"对外汉语教学"是一种语言教学,但由于"对外"二字的限定,因此不能将其视为一般的语言教学,而必须与文化教学结合起来,在语言教学中构建系统的文化教学模式。[⑦] 李杨(2012)认为,语言与文化是不可分离的整体,语言教学就是文化教学;他甚至认为,语言只是文化的一部分,文化教学是语言教学的基础。[⑧]

由此可以看出,在对外汉语教学中,语言教学与文化教学是紧密相关

[①] 何孟谦:《谈谈对外汉语教学中语言教学与文化教学的关系》,《中国会议》2006年。

[②] 朱志平:《作为应用语言学分支的对外汉语教学》,《北京师范大学学报》(人文社会科学版)2000年第6期。

[③] 张慧君:《对外基础汉语教学的文化导入》,《齐齐哈尔大学学报》(哲学与社会学科版)2003年第4期。

[④] 胡清国:《对外汉语中语言与文化的教学及其把握》,《广西社会科学》2004年第3期。

[⑤] 焦冬梅:《论对外汉语教学中的文化因素和文化知识》,《文化学刊》2009年第5期。

[⑥] 张继伟:《汉语国际教育中的文化教学研究》,2011年黑龙江大学毕业论文。

[⑦] 谭庆云:《从对比分析角度探讨对外汉语教学中文化导入的构建》,2012年兰州大学毕业论文。

[⑧] 李杨:《对外汉语教学中的文化教学思考》,2012年黑龙江大学毕业论文。

的。虽然从共时的角度看难以分出孰轻孰重,但从历时角度来看,在不同阶段根据不同的时代要求,二者在对外汉语教学中的分配比例是可以有所偏重的。以 21 世纪为例,中国传统文化传播以及汉语国际教育事业蓬勃发展,孔子学院也遍布世界各国。在这样的时代背景下,文化教学势必占据着主要的地位。

(三)再探阶段

总体上对外汉语教学中语言教学和文化教学的研究有了一定的发展,文化教学与语言教学在当前对外汉语教学中的地位几近明确。近年来,对外汉语教学学界里涉及二者关系的研究也是贯彻了文化教学关键的思想,如刘晓娜(2013)[1]、姚篮(2013)[2]、孙莉莉(2013)[3]、张梦媛(2014)[4]等。随着研究的不断深入,研究者们对对外汉语教学中文化的认识也在逐步提升。比如林娴(2011)区分了对外汉语教学中的文化教学和对外汉语文化教学,提出了文化因素教学和文化教学的本质不同。认为文化因素与语言教学是包含与被包含的关系,而文化教学与语言教学是主次关系。[5] 高剑华(2007)提出了影响对外汉语教学的六大文化因素。[6] 这一阶段,对外汉语教学中"文化因素教学"正在逐步取代"文化教学"。这意味着对外汉语教学中语言教学和文化教学的相关研究已经更加深入化和细致化了。

此外,近几年有关语言教学与文化教学的研究也有围绕"怎样在语言教学中导入文化因素"的问题展开。赵坤(2007)认为,文化的导入应该从语音、汉字、词汇多个方面入手;[7]黄雅婧(2010)提出了对外汉语教学中文化教学的原则以及策略;[8]芦洁媛(2011)提出了针对文化因素教学的几点建议;[9]申莉(2013)探讨了怎样构建语言文化一体的对外汉语教学模式。[10]

① 刘晓娜:《对外汉语教学之文化教学研究》,2013 年河南大学毕业论文。
② 姚篮:《中国传统文化与对外汉语课堂研究融合研究》,2013 年河南大学毕业论文。
③ 孙莉莉:《对外汉语教学的文化传播研究》,2013 年河南大学毕业论文。
④ 张梦媛:《对外汉语教学中的文化因素及其建构研究》,《当代教育科学》2014 年第 5 期。
⑤ 林娴:《对外汉语教材的文化因素研究》,2011 年四川师范大学毕业论文。
⑥ 高剑华:《对外汉语教学与文化传播》,《文化学刊》2007 年第 6 期。
⑦ 赵坤:《对外汉语教学中的文化因素》,《河北科技师范学院学报》(社会科学版)2007 年第 1 期。
⑧ 黄雅婧:《对外汉语教学中语言梯度与文化梯度的关系研究》,2010 年云南大学毕业论文。
⑨ 芦洁媛:《对外汉语教学中语言教学与文化因素教学关系探讨》,《传记文学选刊》(理论研究)2011 年第 4 期。
⑩ 申莉:《对外汉语教学中语言和文化统一体的构建》,《教育理论与实践》2013 年第 18 期。

三、结　论

从 20 世纪 90 年代开始,有关语言教学与文化教学的讨论就没有中断过。只要谈到对外汉语教学就一定会引发有关语言教学和文化教学的争议。而关于语言教学与文化教学到底孰轻孰重的问题,我们依然不能妄下定论,只能说在不同的阶段应该有所侧重。就目前对外汉语的教学情况而言,文化教学占据着更为关键的地位。不得不说,学界对于文化教学的呼声与孔子学院近年来的高速发展有一定的关系。许琳(2007)认为,虽然孔子学院定位为教授汉语,但更重要的是介绍中国文化和历史,成为介绍当代中国的平台。① 刘纪新(2014)也强调了汉语国际教育事业的使命是传播中国文化。②

但是正如普林斯顿大学教授周质平在一次发言中所说的那样,目前的对外汉语教学有夸大文化教学的倾向。③ 在对外汉语教学中,文化因素固然有着重要的辅助作用,但语言教学始终是对外汉语教学的根本,文化传播也要依赖语言作为推手。因此在笔者看来,时下的对外汉语教学模式把文化的教学置于比语言教学更高的位置似乎不合理。遗憾的是,绝大多数的人都没有认识到这一点,语言教学在实际的汉语教学领域依然没有引起足够的重视。

但过于夸大文化的作用和地位,势必影响对外汉语教学的"质"。如今,孔子学院大呼停下脚步思考汉语教学的质量问题。④ 赵金铭(2014)也通过分析孔子学院汉语教学现状,认为提升汉语教学水平是孔子学院在未来发展中吸引学生和留住学生的方法之一。⑤

基于以上论述,本文认为无论是对外汉语教学还是孔子学院,在高速发展之后,都应该停下来思考"质"的问题。近年来,这种过于夸大文化教学或者说文化因素教学的模式是否真正保证了对外汉语教学的"质"呢?

---

① 许琳:《汉语国际推广的形势和任务》,《世界汉语教学》2007 年第 2 期。
② 刘纪新:《在语言桎梏中的汉语国际推广事业》,《理论月刊》2014 年第 6 期。
③ 周质平:《国际汉语教学中的文化议题》,在文化与国际汉语教育可持续发展会议上的主题演讲,2014 年。
④ [德]阿克曼:《从歌德学院到孔子学院》,在冬季思享会的主题演讲,2014 年。
⑤ 赵金铭:《孔子学院汉语教学现状与教学前景》,《华南师范大学学报》(社会科学版)2014 年第 5 期。

如果不能保证质量,那么是否应该重新审视语言教学和文化教学在当下对外汉语教学中的地位呢？ 这都是我们作为对外汉语教学事业接班人所必须要思考的问题。

第二节 对外汉语教学中的"语言"与"文化"关系

一、语言与文化的关系

语言是什么？ 语言是人与人之间交际的媒介,语言是一种社会现象,语言是宝贵的文化资源。那么,在对外汉语教学中,语言又是什么呢？ 笔者认为在对外汉语教学中,语言就是一种交际手段和文化媒介。从语音教学到汉字教学、词汇教学、语法教学,最终都是为了让汉语学习者看懂汉语、说好汉语,以达到与中国人交际的目的。

文化是什么呢？ 有人认为文化就是四书五经；有人认为文化就是孔夫子,孔夫子就是文化。其实,文化是一个广泛而复杂的概念。因此,对于它,我们不能做出一个准确的定义。但是,文化有大小之分。"大文化"的范围极广,涉及历史、地理、人文、习俗、生活等方方面面；而"小文化"就是根据实际需要,从"大文化"中抽出的文化。那么,在对外汉语教学中,什么是文化呢？ 笔者认为,对外汉语教学中的文化是有一定范围限制的文化,即"小文化"。文化范围极广,我们所需要的应该是能适应对外汉语教学的那一部分文化。那么,把汉语作为二语学习的外国人,他们所需要的到底是什么样的文化呢？ 这需要我们深思。

语言与文化密不可分,可以说语言是文化的一部分。但是现阶段,随着对外汉语教学事业的蓬勃发展,语言与文化的关系,再次成为学者们争论不休的热门话题。其实,对于我们汉语国际教育专业的同学来说,这也是一个大的困惑。在考入这个专业之前,我们所想象的汉语国际教育,很大程度来说,应该是文化的传播,更确切地说是中国传统文化的传播。但是进校之后,我们接触到的更多的是语言教学的知识,困惑因此而生。在某次讲习班上,来自世界各地的语言学和中国文化的专家们也针对"语言与文化的关系"的问题进行了深入的探讨。其中,语言学专家普遍认为语言的教学更重要。相对地,其他专家又提倡文化教学优先。大家众说纷纭,各持己见。也有学者客观地提出,语言与文化是不可分离的,语言是文化的载体,笔者对此也十分赞同。语言是传播文化的手段,文化不应该单独作为教学的一部分,也应融入语言教学之中。二者并不矛盾,而是相辅相成。

但是,普林斯顿大学教授周质平提出,目前在对外汉语教学中已然出现"夸大"文化的现象。① 笔者将其理解为是对二者关系的"夸大"。语言与文化固然联系密切,但是正如周质平教授所说:二者,一个是语言问题,一个是常识问题,始终是两个概念。② 因此,二者必须分出孰轻孰重。怎么分? 笔者认为,分阶段进行划分更为合理。在汉语学习的初级阶段,语言教学是基础。语言、词汇、语法是教学的重点,但是文化也要涉及。到了汉语学习的中级阶段,二者可以并驾齐驱。就像哥伦比亚大学教授刘乐宁所说的,在语料的选择上注重文化摄入的比例以及难度③,是相当适用的建议。到高级阶段时,语言退居其次,文化应该占据教学的主要地位。此时,再给学生大讲中国的阴阳五行、文言诗词可能效果更佳。正如许嘉璐先生所说:"语言文字是入门,中国文化传播是根本。"④二者一方面密切相关,一方面相互分离。这并不矛盾,只是在不同的汉语学习阶段,我们应该把握好一个"度"。

二、语言教什么、怎么教

对于语言应该教什么? 想必大家都很清楚。语音、词汇、汉字、语法都是必不可少的基础内容。关键问题是怎么教? "教"的问题关键在于"教学方法""教学对象"、还是"教学实施者"呢? 笔者认为,"教学实施者"更为关键。"对外汉语"和"汉语国际教育硕士"两个专业是现在国内对外汉语教师的主要培养基地。但是作为此专业学生的我们是否真的清楚"语言教学"是什么呢。

现阶段,对外汉语教学的发展还不够成熟,国内对外汉语教学的发展还不成系统。因此,第一,我们不能系统地规定给汉语学习者学什么,所以

---

① ［美］高质平:《国际汉语教学中的文化议题》,在文化与国际汉语教育可持续发展会议上的演讲,2014。

② 同上。

③ ［美］刘乐宁:《功能主义语言观和汉语作为外语教学》,在文化与国际汉语教育可持续发展会议上的演讲,2014。

④ 许嘉璐:《爱我中华,迎接挑战》,在文化与国际汉语教育可持续发展会议上的演讲,2014。

只能依据他们的需要,进行相应的教学;第二,我们不知道应该怎么去教外国学生,怎么把一个中国人自己都不能解释的语言现象解释给外国人。而这根本原因就是汉语语言的本体研究不够。笔者认为,与教学法和二语习得理论相比较而言,语言的本体研究更为重要。陆俭明先生说,对外汉语教学是汉语本体研究的试金石;同时,对外汉语教学拓展了汉语本体研究。[①] 陆先生还提出,在对外汉语教学中不宜教条式地讲语法规则,而要使用点拨式教学法。归根结底,这也是由于汉语的本体研究还不成熟,因此还不能找到统一、完善、系统的语法规则。因此,偏误分析在对外汉语教学中就显得尤为重要。收集学生习得汉语时出现的偏误,通过对偏误的分析、解释来达到教学的目的,这是当前最适合的教学方式。它不仅能促进对外汉语教学的开展,同时也推进了汉语本体研究的发展。相应地,这同时也对对外汉语教师设定了更高的要求。因为"教学实施者"在"教"的过程中至关重要。特别是在依托偏误分析为主要手段,以点拨教学为宗旨的当前的对外汉语教学模式下,对外汉语教师自身的汉语能力,尤其是对语音、汉字、语法知识的掌握就更为重要了。最终,还是要回到汉语本体的研究上来。语言怎么教?汉语本体研究是根本。只有做好了本体研究,做更多的本体研究,"教"的问题才能真正被解决。

此外,不论在国内或是国外,对外汉语专业都成为最热门的大学专业之一。国内外各大高校都致力于培养大批的对外汉语教师以满足教学需求。那么,"本土教师"和"对外汉语教师",究竟哪种教师更有利于汉语课堂的开展呢?这是需要我们思考的问题。

三、文化教什么、怎么教

在会议上,杜翔云教授讲述了一个国外的教学经历:一批参加夏令营活动的中国小学生去了英国,他们被安排到相应的英国小朋友家借宿。这些外国小朋友听老师讲了很多中国的文化,如剪纸、包饺子等。于是他们为远来的朋友们准备了这些活动,但最后他们发现中国的小朋友们并不会剪纸,也不会包饺子,因此他们对老师所讲的知识产生了怀疑……[②]听了这

---

① 陆俭明:《作为第二语言的汉语体研究》,外语教学与研究出版社 2005 年版,第 21 页。
② [丹麦]杜翔云:《任务式问题学习法在全球汉语教师跨文化胜任力发展方面的应用与反思》,在文化与国际汉语教育可持续发展会议上的演讲,2014。

个故事以后,也许我们的第一反应是为中国人惭愧,因为我们的孩子连自己民族的传统文化都不知道。诚然,这确实是我们应该惭愧的地方,但是笔者也从中看出了对外汉语教学存在的问题。在对外汉语教学的课堂上,文化要教,但是教什么、怎么教?

提到中国文化,我们首先想到的一定是孔子、长城、丝绸、功夫等具有悠久历史的中国文化。这也是大多数对外汉语教师所持的观点。因此,文化课自然而然就变成了历史课。难道让学生了解了孔子、长城,他们就真的了解了中国吗?答案是否定的。我们在接受西方文化时,似乎没有老师大肆直讲莎士比亚,也没有老师要求我们课后去阅读古英语的文学作品。反而,更多的是讲这个民族的奋斗史以及现在西方国家的人民的生活方式。事实是,这样的文化传播方式是有效的。通过对比,可以看出老师讲授的知识与学习者了解到的应该是一致的,这才是真实的。我们了解了外国人日常生活中的衣食住行,于是中国人也吃汉堡,喝咖啡,过圣诞节,等等。对外汉语教学的最终目的在于交际。因此,笔者认为对外汉语教学中要讲的文化也应该是跟生活密切相关的文化,这样外国学生才能了解到一个真实的中国。那么,"剪纸、包饺子、书法"等中华才艺要教吗?答案是肯定的,但是才艺只是文化的一部分。此外,中华才艺的教学对象不只是外国学生,中国学生更需要学习本国的传统文化及才艺。但是怎么教呢?还需要学者们继续探讨研究。

四、作为未来对外汉语教师的思考

随着世界掀起了学汉语的热潮,汉语国际教育也顺势成了炙手可热的专业之一。而孔子学院对于对外汉语教师以及志愿者的需求量也越来越大,因此各大高校开始大量收取报考此专业的学生,力求批量生产对外汉语教师来满足需求。但是,这真的是适应对外汉语教学的需要了吗?笔者认为,在对外汉语教师的培养过程中,"质"的问题没有得到根本保障。

那么,一年后即将成为对外汉语教师的我们,我们真的思考过吗?对外汉语教学,应该教什么、怎么教?我们自身是否已经达到可以独立进行对外汉语教学的水平?关于教什么、怎么教,在上文,笔者已经进行了说明。接下来,笔者就以一名准对外汉语教师的身份,谈谈自己对于对外汉语教师的看法。

首先,作为一名对外汉语教师,我们必须清楚不同的教学对象、不同的教学环境,我们要采取不同的教学内容和教学方法。因此,笔者对日本大阪大学古川裕教授所提出的"在外对外汉语教学"这一概念特别赞同。① 既然教学对象有在外、在内之分,那么教学内容和教学方法也应该有在外和在内之别。

其次,要转变态度。很多对外汉语教师认为,汉语教学的重点在于文化传播,因此忽视了语言本体的研究。这种观点值得商榷,之前我们提到了汉语的本体研究不够,因此一定程度上阻碍了汉语的传播。那么要解决这一问题的关键就在于对外汉语教师。对外汉语教师是我们做汉语语言本体研究的最好资源,他们可以提供汉语学习者在学习汉语时出现偏误的第一手语料。因此当前重中之重就是大力鼓励汉语教师融入语言的本体研究、教材编写、课程设置等工作中,促进汉语教学的开展。

然后,把文化融入语言教学中。不是每个对外汉语教师都精通四书五经、通晓古今中外的。因此,文化的教学也就成为一个难题。但是,事实上,文化多种多样。上文我们也分析了文化教学不一定就要讲老庄孔孟,反而是更贴近生活的文化才是学生最想要了解、最需要了解的东西。因此,在语言教学中,将身边的文化融入课堂才是最好的教学方法。

最后,要自我提升。汉语语言博大精深,即使我们将其作为母语学习使用了几十年,也不能完全掌握其精髓。因此,我们在从事对外汉语教学的同时,一定要提醒自己不断加深对汉语语言和中国文化的认识。在教学过程中,不仅要善于发现学生的问题,更要有分析研究问题的能力。

五、对孔子学院的建议

"孔子学院"的开办意义重大,一方面是对外推广中国文化,另一方面也是对中国文化的一次复兴。但是孔子学院的开办不可避免地会招来非议。有人质疑孔子学院开办的初衷,有人质疑孔子学院在耗费国家大量经费之后取得的成效。自孔子学院开办以来,争议就不曾断过。有学者认为可以借此把中国文化传播到世界,有利于弘扬中国文化精神;但也有人提出担忧,表示这样的方式实际上是外国人在窃取中国传统文化精神。在当今社会,中国人不重视自己国家的传统文化,因此,这样的担忧也不乏道理。

---

① ［日］古川裕:《汉语的全球化和在外汉语教学的国际化》,在文化与国际汉语教育可持续发展会议上的演讲,2014。

但是我们不能就此忽视"孔子学院"的积极影响力。既然争议不可避免，我们能做的就是将其办得更好。首先，必须承认"孔子学院"的发展势如破竹，在海外的影响力日益上升。近年来，在国内的反响也颇有成效。国家开始重视汉语语文课的教学，学生家长们也开始重视中国经典文化知识的学习，国内外都掀起了一股"汉语热""国学热""语文热"。不仅在学校，甚至在各种课外培训机构、家教中心的语文补习人数也增长很多。但是这一股"热"带给我们的除了"学好汉语"的空口号外，还有什么呢？笔者认为，这种"热"对于外国人来说是"真"，对于国人来说却是"空"。"孔子学院"开办的意义不仅仅是让外国人学汉语，更重要的是我们中国人自己要意识到学好母语的重要性。但是就目前的形势来看，国内的"汉语热"并不是国人的觉醒，而只是顺应国家政策的又一场"应试革命"。如果是以应试为目的，孔子学院的最终目的还远远不能达到。我们对于中国文化的学习不能只是应试，而应该是全社会性的文化复兴。

因此，不得不承认，孔子学院在海外的影响远远大于其在国内的实际影响。这也是孔子学院招致非议的根本原因之一。怎样去平衡？笔者想谈谈自己的愚见。语言也是一种国家资源，在积极推进汉语教学的同时，也应该注意文化的保护。[①] 因此，笔者认为"孔子学院"不应该只是在海外作为学校开办，在国内也应该开办"孔子学院"。具体来说，"孔子学院"应该分为两大板块——"对外汉语教学"和"对内汉语教学"。什么是对外汉语教学内容？什么又是对内汉语教学应该讲授的？笔者认为，对外汉语的教学重点在语言教学，文化只是一种辅助手段；而对内汉语教学中语言教学不是难点，因此应注重对国人文化知识的普及和提高。也就是说，应该在国内开设"孔子学院"——一种不以应试为目的的，而是为促进中国传统文化知识素质提升的讲授课堂。对外和对内的教学目的不一样，在上文也做过说明——对内，是"大文化"，即宣讲四书五经、文化经典；对外，则是从"小文化"、生活化的文化入手。这样可以将"孔子学院"的功能最大化。目前的孔子学院只是对外，但是当孔子学院对外和对内同时开设时，汉语教学可能会出现新的契机。

---

① 李宇明：《中国的和平崛起和对外汉语教学》，在对外汉语教学与研究专家研讨会上的主题演讲，2004。